Amores Improváveis

Dedico este livro ao meu pai, a criança mais velha que eu conheço.

Título original: *Unlikely Loves*
Copyright © 2013 Jennifer S. Holland.
Copyright da edição brasileira © 2014 Editora Pensamento-Cultrix Ltda.
Publicado mediante acordo com Workman Publishing Company, Inc., New York.
Texto de acordo com as novas regras ortográficas da língua portuguesa.
1ª edição 2014.

Todos os direitos reservados. Nenhuma parte deste livro pode ser reproduzida ou usada de qualquer forma ou por qualquer meio, eletrônico ou mecânico, inclusive fotocópias, gravações ou sistema de armazenamento em banco de dados, sem permissão por escrito, exceto nos casos de trechos curtos citados em resenhas críticas ou artigos de revista.

A Editora Pensamento não se responsabiliza por eventuais mudanças ocorridas nos endereços convencionais ou eletrônicos citados neste livro.

Editor: Adilson Silva Ramachandra
Editora de texto: Denise de C. Rocha Delela
Coordenação editorial: Roseli de S. Ferraz
Produção editorial: Indiara Faria Kayo
Editoração eletrônica: Join Bureau
Revisão: Vivian Miwa Matsushita e Indiara Faria Kayo
Design: Raquel Jaramillo, Tae Won Yu e Netta Rabin
Pesquisa de fotos: Melissa Lucier
Foto da capa: Matthew Tabaccos/Barcroft Media/Landov
Fotos contracapa: Wales News Service (em cima); Isobel Springett (embaixo)
Design da capa: Raquel Jaramillo

Créditos das fotos: © Associated Press: p. 29; Jordi Amenos Basora/Falconer: p. 114, p. 116, p. 117; Marcy Berra: p. 152, p. 155, p. 157; Jenny Brooker/Glen Afric Films: p. 160 (embaixo), p. 162, p. 164, p. 167; Caters News Agency Ltd: p. viii, p. x, p. 40, p. 42, p. 43, p. 44, p. 45, p. 50, p. 52, p. 74, p. 76, p. 77, p. 79, p. 90, p. 93, p. 95; Chestatee Wildlife Preserve, Inc. "Preservation through Education", Dahlonega, Georgia USA: p. 197; Lance Clifton: p. 202, p. 205; Michael Durham © Oregon Zoo: p. 187; Edgar's Mission: p. 219; Europics: p. 30, p. 33; Jane Ferguson/Tiger Photo: p. 130, p. 133; Julie Free: p. vi, p. 52, p. 54, p. 57 (à direita e à esquerda), p. 59; © Lauren Grabelle: p. 210, p. 213, p. 214, p. 215; Svetlana Harper: p. 96, p. 99, p. 101; Sarah Harris/Paradise Wildlife Park: p. 188, p. 191; © John Holland: p. xv; Doug Lindstrand/ AWCC: p. 34, p. 37 (à direita e à esquerda); Christoph Matzke: p.198; Ewa Narkiewicz/elephantstay.com: p. 138, p. 139; Newspix/Getty Images: p. vii (embaixo), p. 216, p. 221; Nuneaton & Warwickshire Wildlife Sanctuary: p. 124 (embaixo), p. 128, p.129; Brock Parker © Oregon Zoo: p. 182; Heather Rector: p. 46; © Tom Reed/Chestatee Wildlife Preserve/ ZUMApress.com: p. 192, p. 195; © Rex USA: p. iv; p. 60, p. 63 (à direita e à esquerda), p. 65, p. 80, p. 83, p. 85, p. 140, p. 143, p. 144; Alex Rhodes/ Lewa Wildlife Conservancy: p. 176, p. 179; Rafael Rosa: p. 172; Ross Parry Agency: p. 14, p. 17, p. 20, p. 25; Isobel Springett: p. 2, p. 5, p. 7, p. 9; © Sukree Sukplang/Reuter: p. 134, p. 136; SWNS: p. 86, p. 89, p. 118, p. 121, p. 122, p. 123, p. 124 (em cima), p. 126, p. 146, p. 149, p. 150; Matthew Tabaccos/Barcroft Media/Landov: p. iii p 160 (alto), p. 165; Steph Tufft: p. 26; Glen Vena/BFF Shamwari: p. 206, p. 209; © Wales News Service: p. 66, pp. 70-71; Alexander D. M. Wilson/Aquatic Mammals: p. 168, p. 171; Janice Wolf/Rocky Ridge Refuge: p. vii (alto); p. 102 (todas), p. 104 (todas), p. 105 (todas), p. 106, p. 107, p. 108, p. 109, p. 111, p. 113; Missy Ziler: p.10.

CIP-BRASIL. CATALOGAÇÃO NA PUBLICAÇÃO
SINDICATO NACIONAL DOS EDITORES DE LIVROS, RJ.

H678a.
  Holland, Jennifer S.
    Amores improváveis : histórias reais do reino animal para aquecer seu coração / Jennifer S. Holland ; tradução Claudia Gerpe Duarte ; Eduardo Gerpe Duarte. – 1. ed. – São Paulo : Pensamento, 2014.
    240 p. ; il. ; 18 cm.

    Tradução de: Unlikely loves
    ISBN 978-85-315-1867-6

    1. Animais – Ficção americana. 2. Ficção americana. I. Título.

14-10649
CDD: 813
CDU: 821.111(73)-3

Direitos de tradução para o Brasil adquiridos com exclusividade pela
EDITORA PENSAMENTO-CULTRIX LTDA., que se reserva a
propriedade literária desta tradução.
Rua Dr. Mário Vicente, 368 – 04270-000 – São Paulo – SP
Fone: (11) 2066-9000 – Fax: (11) 2066-9008
http://www.editorapensamento.com.br
E-mail: atendimento@editorapensamento.com.br
Foi feito o depósito legal.

Amores Improváveis

Histórias Reais *do* Reino Animal
para aquecer seu coração

JENNIFER S. HOLLAND

Tradução
CLAUDIA GERPE DUARTE e EDUARDO GERPE DUARTE

Editora
Pensamento
SÃO PAULO

"Os animais, com exceção dos seres humanos,
amam incondicionalmente. Coloque o seu cônjuge e
o seu cachorro no porta-malas do carro durante três horas,
e veja qual deles fica feliz ao vê-lo quando você os solta."

– Mestre Treinador de Cachorros David Latimer,
Forensic & Scientific Investigations, Alabama

Sumário

Prefácio ix
Introdução xi
1. Quem ama você, meu bebê? xvi
    O Cão Dinamarquês e o Cervo 3
    A Égua Idosa e o Cachorro 11
    O Terrier e o Patinho 15
    A Jumenta e o Carneiro 21
    A Pata e o Pit Bull 27
    O Boxer Cego e o Ganso 31
    A Menina e o Alce 35
    A Leitoa e o Boxer 41
    A Mamãe Vira-Lata e os Gatinhos 47
    A Galinha e os Cachorrinhos 51
    O Bode e o Pit Bull 55
    O Carneiro Malhado e o Dálmata 61
    A Leitoa e o Rottweiler 67
2. Comer, Brincar, Amar 72
    A Girafa e o Bode 75
    O Golfinho e o Leão-Marinho 81
    A Bezerrinha e os Cachorros da Fazenda 87
    O Menino e as Marmotas 91
    O Cervo e os Amigos do Bosque 97
    Histórias do Rocky Ridge Refuge 103
        A Tartaruga e os Cachorrinhos 105
        A Égua Miniatura e a Capivara 108
        O Touro e o Cavalo 111
    A Coruja e o Gato 115

A Raposa e o Cão de Caça..	119
Histórias do Warwickshire Wildlife Sanctuary...	125
A Perua e o Cervo	126
O Texugo e a Raposa	128
O Golfinho e o Gato de Rua..	131
O Macaco, o Coelho e o Porquinho-da-Índia.....	135
A Lontra e o Texugo	141
A Águia-Dourada e o Homem Voador	147
O Cachorrinho e o Filhote de Leoa	153
3. O Amor na Família Moderna	158
Histórias do Glen Afric Wildlife Sanctuary	161
O Cudo e a Girafa..	162
O Leopardo e o Cachorro	165
O Golfinho e os Cachalotes	169
A Jiboia e o Pit Bull..	173
O Rinoceronte-Negro e o Javali-Africano	177
O Elefante e os Amigos do Zoológico	183
A Dama, o Tigre e o Pastor-Alemão...............	189
A Zebra Macho e a Jumenta	193
O Cisne e o Barco de Cisne	199
O Rato e a Gatinha	203
A Leoa e a Leoa	207
A Alpaca e os Cavalos	211
O Porco e os Amigos da Fazenda...................	217
REFERÊNCIAS..	222
AGRADECIMENTOS	224

Prefácio

É ANIMADA E SORRIDENTE QUE APRESENTO *AMORES IMPROVÁVEIS*, A CONTINUAÇÃO de *Amizades Improváveis*[1]. Em primeiro lugar, preciso mencionar que obtive uma reação maravilhosa a essa coleção de histórias de animais e que me senti honrada ao saber que o livro tocou tantas pessoas. As histórias de comportamento carinhoso entre os animais parecem satisfazer uma necessidade de alegria e esperança no meio do conflito e da agitação do mundo, e estou feliz por ter encontrado pessoas dispostas a compartilhar essas histórias para que eu pudesse narrá-las para todos vocês.

Tendo em vista a reação favorável a *Amizades Improváveis*, talvez eu não devesse ter ficado surpresa quando numerosos leitores me perguntaram se eu não tinha mais histórias para contar. Mais fotos de amizades inesperadas para compartilhar. Será que você não poderia colocá-las em um segundo volume e nos fazer sorrir de novo? Não consegui resistir a esse apelo tão encantador.

Assim sendo, aqui estamos. E espero que os leitores se divirtam com estas histórias tanto quanto se divertiram com o volume anterior. E para aqueles que não leram *Amizades Improváveis*, espero que *Amores Improváveis* seja uma surpresa agradável.

---

[1] Publicado pela Editora Pensamento, São Paulo, 2011.

Um cervo esfrega o focinho em um coelho amigo

Introdução

COMO QUALQUER PESSOA QUE ME CONHEÇA BEM PODE CONFIRMAR, ADORO OS MEUS animais. Sem dúvida vou ser uma dessas velhinhas com o cabelo alvoroçado e uma caminhonete cheia de cachorros, talvez com um gato ou pato que me siga por toda parte. Talvez uma cabra também. Sempre quis ter uma cabra. As "excentricidades" (leia-se: sem filhos, animais sempre por perto, conjunto de moletom coberto de pelos usado em público) serão uma fonte de carinhosa preocupação para a minha família e amigos.

Enquanto escrevia o parágrafo anterior, eu me levantei três vezes da cadeira. Uma para deixar um cachorro sair. Outra para dar uma olhada em uma lagartixa com uma pata aleijada. E uma terceira vez para deixar um cachorro entrar (não o mesmo cachorro que eu acabara de deixar sair). Quando não estou fora de casa, andando por aí à procura de histórias, faço isso o dia inteiro no intervalo entre as entrevistas e nos períodos em que escrevo ou cuido das cestas de roupas para lavar. Isso simplesmente faz parte de amar os animais de quem eu cuido. Digo amar porque, para mim, nenhuma outra palavra pode descrevê-lo melhor. Sem dúvida, o amor significa coisas diferentes para cada pessoa. Para mim, com relação aos animais, é a euforia que sinto dentro de mim quando observo os meus cachorros correndo de um lado para o outro, felizes, no mato, o bem-estar que sinto quando me aconchego com uma gata quentinha e ela estende uma pata para tocar o meu rosto, até mesmo a alegria de vislumbrar as poses ridículas que as minhas lagartixas fazem, penduradas por um dos dedos daquelas estranhas patinhas. Amo esses animaizinhos. Sempre terei animais na minha vida; eles tornam a minha casa um lugar melhor, mais quente e mais aconchegante.

Mas quando não há nenhum ser humano na equação, existe amor? Imagino que o título desta coleção vá fazer estremecer alguns estudiosos do comportamento animal. É claro que "amor" é um termo humano, que descreve uma emoção humana – desde o palpitar frenético de uma paixão ao calor e a tranquilidade de um casamento de muitos anos. É possível que, talvez mais ainda do que com relação à "amizade", não possamos saber se outros animais sentem amor do jeito que nós sentimos. Mas não tenho nenhuma dúvida de que os meus animais de estimação são capazes de formar profundas ligações, podem sentir falta de um companheiro quando estão separados e se angustiariam de alguma maneira se esse companheiro morresse (ora, já foi revelado que até mesmo pássaros, como as pegas, pranteiam).

Ainda assim, até mesmo para nós, é difícil definir o amor. Eu não afirmaria saber se o termo se aplica diretamente às afeições de um gato, cachorro ou galinha, embora, como é discutido com numerosos especialistas em *Amizades Improváveis*, grande parte dos sistemas que possibilitam que sintamos amor estão presentes em outras espécies. Menos desenvolvidos, talvez, porém presentes. A evolução tende a reutilizar bons fragmentos, como as emoções que nos ajudam a vicejar e reproduzir, em vez de começar do zero em cada ser. Portanto, a coincidência entre o que nós fazemos e o que outras criaturas fazem é considerável.

Lemos repetidamente relatos sobre animais compelidos a ajudar a aliviar a dor de outro ou protegê-lo perigo. Uma história de que tomei conhecimento enquanto fazia pesquisas para este livro foi a de um cachorro que puxou a dona da linha do trem onde ela tinha desmaiado; por causa disso, o cão foi atingido (mas felizmente sobreviveu). Há um vídeo bastante assistido no YouTube de um orangotango que salva um patinho de morrer afogado. Um gorila fêmea de um zoológico americano notoriamente agarrou uma criança que caíra dentro do cercado, protegendo-a dos outros macacos até que os zeladores conseguissem resgatá-la. E assim por diante.

 É claro que o cuidado *intra*espécie (cuidado com a própria espécie) é comum, e faz todo o sentido do ponto de vista evolucionário. Os esquilos atacam gralhas que estejam se alimentando de um animal da sua família que tenha sido morto na estrada por um veículo, ou um cachorro que esteja ameaçando os seus filhotes, e ouvimos histórias de golfinhos que cortam a linha do arpão com os dentes para salvar outros da mesma espécie. O primatologista Frans de Waal conta no livro *Good Natured* que as baleias se colocam entre o esquife de um baleeiro e uma baleia machucada (ou até mesmo tentam emborcar o barco) de uma maneira tão previsível que os baleeiros se aproveitam disso. E um dos favoritos no YouTube é o vídeo que mostra um cachorro "costurando" entre os carros em alta velocidade enquanto arrasta o seu amigo ou parente ferido para que ele não corra ainda mais perigo – um ato aparentemente moral, até mesmo altruísta (se bem que, como tipicamente é o caso do comportamento animal, não existe nenhum consenso sobre como definir esse ato). Por fim, devo mencionar que o meu marido, quando criança, encontrou o seu animal de estimação, um racum, ganindo tristemente por causa de um chapéu feito de pele de racum. O animal estava claramente aflito por encontrar uma coisa tão familiar e no entanto tão... morta.

 Creio que os meus cachorros me protegeriam se um intruso entrasse na casa, mas não posso negar que eles provavelmente "amam" os seus brinquedos estridentes tanto quanto me "amam". O que eu significo para eles em um nível mais profundo é um mistério. Mas não tenho nenhum problema quanto a isso. Na realidade, parte do que é tão incrível a respeito do amor é como ele nos causa perplexidade. Depois que um artigo foi publicado na revista *National Geographic* em 2006 examinando a ciência por trás do amor – o que podemos aprender com as imagens por ressonância magnética do cérebro "loucamente apaixonado", os trajetos químicos do desejo, a resposta biológica de por que o amor esmorece com o tempo – recebi numerosas cartas de leitores expressando aflição diante da tentativa de quantificar e desmistificar a nossa mais doce emoção.

Apesar de tudo isso, eis um livro a respeito de animais intitulado *Amores Improváveis*, no qual apresento um punhado de histórias encantadoras de um afeto inesperado entre seres que não são pessoas. (Como no meu livro anterior, algumas histórias muito especiais entre pessoas e animais se inserem na mistura, mas a maioria delas é a respeito de criaturas não humanas. Também como no último livro, muitas histórias de cachorros se qualificaram; os caninos talvez sejam os animais mais empáticos que existem.) Os comportamentos que vemos nesses casos certamente lembram as principais características do amor no mundo humano – não querer se separar nunca, proteger o outro de insultos ou danos, zelar pelo outro durante uma doença, proporcionar cuidados maternos (ou paternos) e, às vezes, não desistir mesmo quando o amor não é correspondido. Não estou tentando provar que Fred o cachorro realmente ama Blanche o ganso, ou mesmo que os abanos de cauda e beijos confusos do meu cachorro signifiquem outra coisa além denotar que ele está com fome. Mas é divertido imaginar – e não é uma ideia absurda – que exista algo mais além disso.

Conversei com Tara Brach, PhD, uma professora de psicologia e meditação budista altamente conceituada, depois que, para minha alegria, descobri que ela havia feito referência a *Amizades Improváveis* em uma das suas palestras. Dou muito valor ao que ela disse a respeito do motivo pelo qual esse tipo de histórias nos comove: "Existe algo extremamente fundamental a respeito do amor, e ele é claramente evidente em diferentes espécies de maneiras distintas, assumindo feições diversas. Mas quando vemos animais se preocupando além da sua estreita afiliação, isso repercute como um fenômeno mais universal. Faz com que confiemos na bondade universal da vida".

Essa bondade da vida, tristemente, é algo que não raro é difícil enxergar na névoa de tensão que nos circunda. Mas eu acho que ela está sempre presente, ao nosso alcance. Está presente nas pessoas generosas que levam para a sua casa e o seu coração animais necessitados. E está presente em momentos de carinho entre espécies diferentes, quer os animais estejam sendo bons devido ao instinto parental, quer seja por causa de um anseio inexprimível. À medida que cada caso se apresenta, somos alçados um pouco mais acima da confusão, o que nos oferece um vislumbre do sol. O amor, ou como você queira chamá-lo, é um verdadeiro preservador da vida.

A autora e o seu cachorro Tai

Independentemente do termo usado para descrever o afeto animal, afirma Brach, "se ele nos ajudar a reconhecer a nossa tendência para a paixão e a gentileza, esse reconhecimento trará tais sentimentos mais à tona. Essas histórias nos convidam a enxergar o que é possível. Elas fazem parte daquele ímpeto em direção a um mundo mais cheio de compaixão".

Primeira Parte

Quem ama você, meu bebê?

> "Não existe nenhum instinto igual ao do coração."
>
> —*Lorde Byron*

Existe algum amor mais forte do que o de um pai ou o de uma mãe pelo seu filho? Nesta parte, reúno alguns dos meus casos prediletos nos quais um animal desempenha um papel materno ou paterno na vida de outro. Para nós, o verdadeiro amor parental aprimora a vida de uma criança de um sem-número de maneiras, e aqueles que crescem sem ele poderão ter dificuldades por causa disso. Mas no mundo animal não humano, particularmente no caso dos mamíferos, o envolvimento do pai ou da mãe não apenas melhora o progresso da vida de um jovem animal; ele é com frequência extremamente importante para a sobrevivência.

O bizarro nesta coleção de histórias, é claro, é que os animais que estão atuando como pais não têm vínculos de DNA com aqueles que eles estão protegendo. É isso que aprecio nelas. Vamos deixar para lá as explicações evolucionárias – os animais parecem estar respondendo a algo profundo dentro de si mesmos.

(Ilha de Vancouver, Canadá, 2011)

O cão dinamarquês e o cervo

Conheci certa vez um casal de cães dinamarqueses na Costa Rica. Eles viviam em uma pensão do tipo *bread and breakfast* perto do Lago Arenal. O que eu me lembro a respeito deles não é apenas as suas dimensões impressionantes, mas também o fato de eles ficarem imediatamente à vontade ao lado de desconhecidos e a sua doçura para com estes. Se pela manhã você se sentasse nas cadeiras da varanda da frente para observar os pássaros tropicais no comedor, um cão dinamarquês que mal o conhecia se encaminhava para você e se sentava no seu colo. Literalmente. As patas dianteiras no chão, mas perfeitamente acomodado nas suas coxas, ele o transformava em uma cadeira humana. Sem aviso e sem fazer perguntas. Ele se sentava. E ficava.

Então quando ouvi falar no dinamarquês que derramou o seu afeto em um minúsculo cervo, fiquei aliviada ao saber que o cão não tinha, sem querer, esmagado o pequeno animal com o peso do seu amor. Na realidade, a amizade entre cão e veado, embora turbulenta durante algum tempo, era extremamente carinhosa.

A dona do dinamarquês, Isobel Springett me contou a história de uma maneira tão detalhada que eu quis repetir muitas das suas palavras.

Mas, primeiro, algumas apresentações. Há Kate – o dinamarquês fêmea – e Pippin, o cervo abandonado. Kate era um filhote de seis meses quando foi morar com Isobel. A família vive na Ilha de Vancouver no Canadá; essa história de amor tem lugar na casa dos Springett, à margem de uma pequena floresta.

"Kate era o tipo de cão que é deixado para trás depois que as pessoas escolhem os filhotes que querem na ninhada", recorda ela a respeito da sua amorosa cadela. "Ela era toda preta e estava muito assustada – quando eu a peguei, ela até mesmo se recusava a entrar na casa. Ela se deixava cair no chão e lá ficava até que a carregávamos para dentro. Mas duas semanas depois ela havia superado o medo, não temia mais nada. Eu estava completamente apaixonada; ela era incrível."

Foi então que Pippin entrou na vida de Isobel e Kate. "Era início de junho quando vi o minúsculo cervo brincando em um dos nossos prados de ranúnculos sob o olhar nervoso da mãe", diz Isobel. "Aquilo não era nenhuma novidade, era sempre um prazer a ser admirado."

Dois dias depois, diz Isobel, ela começou a ouvir sons lamuriantes como os de um bebê chorando, pedidos de socorro, vindo das proximidades. Quando ela e Kate foram dar uma volta até o celeiro, "Kate descobriu o cervo enrodilhado ao lado do acesso de veículos. Ela ficou fascinada!". Isobel deixou o filhote ali para ver se a mãe viria buscá-lo. No entanto, um dia depois, ela compreendeu que o cervo havia sido abandonado. O dia estava quente e ele não iria sobreviver muito mais tempo sem beber alguma coisa, "de modo que finalmente cedemos e o resgatamos".

E é aí que a história de Kate e Pippin realmente começa. Isobel conta que "Kate simpatizou instantaneamente com o cervo, que na realidade era fêmea, como se esperasse por esse momento. Ela examinou cada centímetro da cerva e aplicou suaves lambidas aqui e ali. Pippin decididamente se sentiu reconfortada com isso e se acomodou ao lado de Kate".

A cerva estava desidratada e pesava menos de 2,3 quilos, de modo que Isobel começou a hidratá-la com soro fisiológico por meio de um conta-gotas e depois passou a dar substituto de leite em uma mamadeira.

Nesse meio-tempo, Pip começou a explorar a casa e a conhecer Kate melhor. Isobel não queria que o animal selvagem se tornasse um bicho de estimação, de modo que intencionalmente não pegava nela mais do que o necessário. Em vez disso, ela deixava que a cadela a tocasse. "Kate demonstrou o seu valor como mãe substituta. Ter uma mãe de quatro patas, mesmo sendo uma cadela, era bem melhor do que ter uma mãe de duas pernas."

A rotina de Pip, como a da maioria dos bebês, era dormir, comer e fazer cocô, e depois dormir um pouco mais. "Todas as vezes que acordava", diz Isobel, "ela procurava Kate. E esta parecia compreender que aquela coisinha dependia dela, e agiu como se fosse sua função me ajudar a alimentá-la. Ela ficava parada como uma estátua enquanto Pip dava cabeçadas nela e fazia alvoroço."

Pip logo aprendeu a reconhecer os sons da preparação da mamadeira e ficava agitada querendo comer. Certo dia, Isobel ouviu Pip "correndo em círculos em volta da mesa de jantar" – de um jeito muito parecido com o de um cachorrinho nervoso. "Eu soube então que ela iria ficar bem."

A cerva foi ficando mais forte a cada dia e começou a seguir Kate para o lado de fora, podendo passar uma hora bisbilhotando o jardim, sempre a um focinho de distância da cadela. Mas quando a cerva se sentiu à vontade do lado de fora como a sombra de Kate, o seu instinto selvagem se insinuou: "Pip decidiu que já se fartara da casa e queria dormir na floresta, como um veado de verdade", diz Isobel. Certa manhã, Isobel a viu enroscada na margem da floresta com um veado selvagem por perto. "Essa foi a primeira vez que eu vi Pip se associar a outro veado. Enquanto eu observava, o veado entrou na floresta e desapareceu. Percebi então que ela tinha uma chance de se integrar ao rebanho selvagem."

Mas ela ainda não estava pronta para deixar a sua confortável casa e a sua mãe substituta. Pip passou muitas horas brincando e pastando no gramado na

O CÃO DINAMARQUÊS

Embora o cão dinamarquês moderno tenha as suas raízes na Alemanha e na Inglaterra, cães com uma aparência semelhante são retratados na arte egípcia em uma data que recua a 3 mil a.C. O nome, como seria de se esperar, se originou na Dinamarca, mas esse país não esteve envolvido no desenvolvimento da raça.

CÃO DOMÉSTICO
REINO: Animalia
FILO: Chordata
CLASSE: Mammalia
ORDEM: Carnivora
FAMÍLIA: Canidae
GÊNERO: Canis
ESPÉCIE: Canis lupus
SUBESPÉCIE: Canis lupus familiaris

frente da casa naquele verão enquanto Kate descansava nas proximidades. A cadela levava o relacionamento muito a sério. "Ela ficava um pouco preocupada quando Pip ficava afastada mais tempo do que de costume, ou quando ela, de repente, decidia ir embora. Mas os veados são incrivelmente independentes, um fato que foi de enorme ajuda na sobrevivência de Pip." Para Kate, esse comportamento não fazia sentido, já que os cachorrinhos sempre ficam perto da mãe. "Quando Pip sumia, Kate esperava um tempo enorme até que ela voltasse."

Com o tempo, a cerva começou a passar mais tempo com os veados selvagens vagando por entre as árvores, oscilando sem esforço entre a vida selvagem e a vida doméstica. Quando o inverno chegou, Pip aparecia do terraço de madeira, com os cascos anunciando a sua chegada, querendo entrar para visitar Kate e comer um pouco de grãos e pão.

E na primavera, o elo entre Kate e Pip continuou a crescer, as duas andando juntas pela floresta como se isso fosse perfeitamente normal, até mesmo unindo forças para afugentar um urso que apareceu na propriedade. "O urso ficou de pé nas patas traseiras a menos de seis metros de nós", recorda Isobel, "e Kate e Pip dispararam atrás dele como balas de arma de fogo. Fiquei assombrada! Elas o perseguiram ao longo de mais ou menos cem metros até que ele correu através da cerca e desapareceu. O olhar na cara de Kate quando elas voltaram foi impagável. Ambas pareciam achar que esse comportamento era perfeitamente normal!"

Enquanto isso, Pip abraçava cada vez mais a sua condição de veado, Isobel se admira de que esse animal quase selvagem e cadela preta enorme que a criou continuassem a dividir lambidas, focinhadas e brincadeiras turbulentas. "Eu sabia que o relacionamento delas envolvia muito mais do que apenas um animal que ajudou outro necessitado. O que havia era realmente especial."

Desde então, Pip deu à luz uma série de cervos, e as brincadeiras turbulentas com Kate se suavizaram e se transformaram em uma comunicação mais delicada entre elas. Mas Isobel diz que elas continuam a exibir uma amorosa familiaridade quando Pip aparece, e as joviais travessuras das duas em dias passados sempre permanecem na sua memória. "Elas desenvolveram uma linguagem corporal que é um meio-termo – nem bem de veado, nem bem de cachorro", diz ela. "Algo intermediário que somente elas compartilham."

**VEADO-DE-
-CAUDA-PRETA**

REINO: Animalia
FILO: Chordata
CLASSE: Mammalia
ORDEM: Artiodactyla
FAMÍLIA: Cervidae
GÊNERO: Odocoileus
ESPÉCIE: Odocoileus hemionus
SUBESPÉCIE: O. h. columbianus

(Flórida, Estados Unidos, 2012)

A égua idosa e o cachorro

Em um lugar especial chamado Misfit Farm na Flórida, os animais recebem uma segunda chance na vida... e amor quando mais precisam.

Uma velha égua árabe chamada Candy foi para a fazenda depois que os seus donos não quiseram mais cuidar dela. Ela estava em más condições físicas depois de sofrer anos de negligência, mas Mindy Ziler e o seu marido sabiam cuidar bem de cavalos, pois já tinham dois, de modo que se ofereceram para levar o animal para casa. Eles a limparam, cuidavam de seus cascos desgastados e a alimentaram bem. O casal Ziler se apegou bastante à velha égua, e ela se sentiu à vontade na sua nova vida, acomodando-se ao ritmo da fazenda.

Nessa época, um belo cachorro chamado Woolf era um antigo residente da Misfit. Alguns anos antes, perto de seu local de trabalho, o marido de Mindy encontrara o cachorro branco, cruza de pastor-alemão com husky siberiano

CAVALO ÁRABE

REINO: Animalia
FILO: Chordata
CLASSE: Mammalia
ORDEM: Perissodactyla
FAMÍLIA: Equidae
GÊNERO: Equus
ESPÉCIE: Equus ferus
SUBESPÉCIE: Equus ferus caballus

– desabrigado, sem coleira e correndo atrás de esquilos em um estacionamento. Bastou um "Vem cá, garoto!" para que o cachorro saltasse nos braços dele e o marido de Mindy o levar para a fazenda com a intenção de encontrar um novo lar para ele.

"Mas não consegui deixá-lo ir embora", diz Mindy. Descobrimos que ele tinha um comportamento delicado e era meigo com crianças; ele parecia o candidato perfeito para ser um cão terapeuta. Assim sendo, Mindy começou o treinamento necessário, ao qual o cachorro se dedicou com facilidade. "Não sei o que é, mas ele tem uma ligação mágica com as pessoas", afirma ela. (Ele agora visita regularmente pessoas necessitadas de todos os tipos, e atua até mesmo como companheiro na sala do tribunal para crianças que estão enfrentando julgamentos traumáticos.)

Com um coração tão bondoso, talvez seja compreensível que, além de ser amigo de pessoas, Woolf também forme vínculos fortes com animais necessitados.

"Candy já estava velha quando a trouxemos para cá", diz Mindy, "mas no último inverno a sua idade realmente começou a se fazer sentir. Ela começou a se deitar muito e não parecia estar se sentindo bem. E foi quando Woolf de repente se afeiçoou a ela." Os cachorros de Mindy, em geral, não têm permissão para ficar junto dos cavalos, mas eles cavaram um buraco debaixo da cerca para que Woolf pudesse passar por baixo dela e se deitar perto da égua. E quando outro animal ia inspecionar Candy, "Woolf latia e rosnava – eu nunca o vira exibir antes aquele tipo de agressividade".

Woolf nunca prestara muita atenção aos cavalos antes, a não ser para correr atrás deles ao longo da cerca. Mas quando Candy não estava bem, o cachorro ia todos os dias ver como ela estava e depois se recusava a sair de perto dela. "Acho que ele sentia que Candy estava doente – ele parecia sentir o cheiro da doença nela", diz Mindy. "Ele ficava deitado ali para protegê-la, para que ela pudesse comer, para que ninguém a incomodasse. Se ela se levantava para pastar, ele ficava em um lugar de onde conseguisse avistá-la."

Candy, da sua parte, deixou que Woolf fosse o seu companheiro e protetor, embora ela normalmente ficasse irritada com os outros animais. Quer o cachorro estivesse deitado ao lado dela, cheirando-a ou até mesmo mordiscando restos da comida dela, ela parecia satisfeita, dando até mesmo a impressão de acolher com prazer a atenção dele. "Ele a confortava", diz Mindy.

Mas com o tempo, a força obstinada da égua se esgotou, e os seus donos decidiram que teriam que sacrificá-la.

O dia em que a família enterrou Candy ao lado do celeiro foi sombrio. "Woolf foi até o local onde ela costumava ficar, cheirando tudo, como se procurasse por ela. Ele foi capaz de perceber que ela tinha partido." Mindy espera que ele saiba que a ajudou a viver melhor os seus últimos dias e que ela não estava mais sofrendo.

"Quando penso em tudo o que aconteceu, eu realmente acho que havia uma afeição especial ali", diz Mindy. "Nada incomoda esse cachorro. Mas quando Candy ficou doente, ele se mostrava hostil comigo quando eu queria que ele entrasse ou se afastasse da égua. Ele me lançava um olhar que claramente dizia não! Ele queria ficar com ela. Acho que ele sabia que ela estava morrendo e queria aliviar a sua dor."

Mindy comenta que desde que Candy morreu, Woolf começou a demonstrar um interesse especial pelo seu gato.

Opa!

PASTOR-ALEMÃO-HUSKY SIBERIANO

O cão mais condecorado na Segunda Guerra Mundial, chamado Chips, era uma cruza dessas duas raças maravilhosas.

(Yorkshire, Inglaterra, 2012)

O terrier e o patinho

Se um pato se perde no mato, ele faz barulho? E se faz, alguém irá ver qual o motivo de todos aqueles grasnados?

As respostas neste caso são sim, e sim. A sorte sorriu para a pequena Fifty Pence, que não parava de grasnar em um caminho arborizado, cuja vida certamente se encaminhava para um rápido fim, não fosse pela bondade de desconhecidos.

Aqui temos Skip, a terrier, filha de pais que eram cães de trabalho (tendo portanto o instinto de matar no seu DNA) e treinada para caçar. No entanto, essa cadela demonstrou uma bondade amorosa para com a coisinha emplumada que teria tanto se ajustado perfeitamente à sua boca quanto se aconchegado ao seu lado.

Felizmente para o resultado desta história, os terriers de trabalho não são caçadores de patos. Na Inglaterra, onde os nossos personagens se encontraram, os cães são treinados para perseguir raposas, roedores, marmotas e outras criaturas escavadoras – às vezes até seguindo-as no subsolo. Os patos e outros pássaros simplesmente não estão na lista de caça.

Ainda assim, não esperaríamos que uma terrier fosse a mãe substituta de uma pata e a sua melhor amiga para sempre.

A ave, uma patinha-real, tinha apenas um dia de idade quando um casal que passeava com os cachorros em uma floresta de Yorkshire perto de Eggborough a viu sozinha no chão. Decidiram continuar o passeio, na esperança de que a mãe pata retornasse para buscar o bebê perdido, mas quando voltaram, a bola de penugem ainda estava lá – só que dessa vez ela estava prestes a se tornar o almoço de uma raposa. Ansioso por salvar a vida dela, o casal enxotou o predador e levou a patinha para uma mulher do local que sabidamente cuidava da fauna selvagem abandonada.

Quando Annette Pyrah atendeu a porta naquele dia, ela não sabia que uma patinha estava prestes a mudar a sua vida. Ela hoje dirige um pequeno centro de resgate para a fauna selvagem britânica na sua casa em Barlby, uma aldeia na área norte de Yorkshire, mas naquela ocasião ela estava fazendo um treinamento para ser secretária forense. Foi depois da chegada da patinha que ela começou a aceitar todos os tipos de animais, logo passado a cuidar deles em tempo integral e se afastando da sua carreira forense.

Annette chamou a patinha de Fifty Pence[1] por ela ser tão pequenina. Para fazer a ave se sentir em casa, "usei um espanador e a parte de cima de um esfregão para construir um ninho – mantendo-a aquecida como faria uma mãe pata – na minha estufa", diz ela. "É um truque que uso com frequência para pássaros

---

[1] *Pence* é plural de *pêni*, a centésima parte da libra. É como se, no Brasil, chamássemos a patinha de Cinquenta Centavos. (N. dos T.)

abandonados." Nesse meio-tempo, ela reparou que a sua cadela Skip estava de olho na órfã.

Logo depois que saem do ovo, os patinhos começam a seguir o primeiro animal grande que veem e aprender com ele, tipicamente a mãe (o que os biólogos chamam de impressão filial). Sem ter uma mãe à vista, Fifty Pence iria procurar uma mãe substituta. Annette não queria que a pata se fixasse nela, porque isso tornaria difícil soltar o animal mais tarde na natureza. "Mas eu não precisava ter me preocupado", afirma ela, porque, assim como a cadela se comportava com relação ao pássaro, "Fifty Pence só tinha olhos para Skip".

PATO-REAL

REINO: Animalia
FILO: Chordata
CLASSE: Aves
ORDEM: Anseriformes
FAMÍLIA: Anatidae
GÊNERO: *Anas*
ESPÉCIE: *Anas platyrhynchos*

Como o caso amoroso secreto era obviamente mútuo, Annette finalmente decidiu soltar a patinha no jardim com os seus cachorros. "Ela foi direto para Skip – sem dar a menor atenção à minha outra cadela, Holly – e queria brincar." Sem perder tempo com formalidades, a patinha começou a correr atrás de Skip, agarrando a sua cauda. Quando ficou um pouco maior "ela até mesmo tentava pegar a bola", diz Annette. "Eu jogava a bola e ela dava uma espécie de corrida/voo, batendo as asas, para chegar à bola antes de Skip. É claro que ela não conseguia pegá-la com o bico." O pássaro também se apegou à cama de Skip, e as duas a dividiam, aconchegadas, enquanto Fifty Pence asseava a cadela com suaves beliscadas. A cadela parecia gostar da atenção e, em troca, permanecia com a mordida suave – mesmo quando as bicadas se tornavam claramente irritantes, conta Annette.

"O que mais me tocava era a confiança que essa patinha demonstrava", diz ela. "Ali estava aquela coisa minúscula e vulnerável depositando a sua confiança em um animal que poderia ter sido seu inimigo – é como se aproximar de um leão em busca de afeto. Imagino que ela estivesse se sentindo solitária e desejasse companhia, e normalmente ela teria tido a mãe e os irmãos ao lado dela. Assim sendo, ela se voltou para Skip. E por alguma razão, essa cadela, com o instinto de atacar, decidiu ser amorosa."

Annette diz que o seu plano era, com o tempo, levar Fifty Pence para um laguinho próximo onde outros patos-reais se congregavam, na esperança de que o pássaro reconhecesse a sua espécie e se juntasse a ela, e talvez até encontrasse um companheiro. (Annette vinha trazendo algas do laguinho para a patinha comer, para que ela se acostumasse com alimentos naturais.) Foi então que, cerca de três meses depois da chegada da patinha, houve um dia perturbador.

"Eu tinha saído para fazer compras e deixara os animais brincando no jardim com a bola", recorda Annette. "E quando voltei, Fifty Pence havia desaparecido. Descobri mais tarde que alguns adolescentes tinham estado lá em casa correndo atrás dela e assustando-a, e que ela fugira." Annette diz que tanto ela quanto Skip foram procurar a pata. Um vizinho afirmou tê-la visto em uma rua próxima, "mas não conseguimos encontrá-la. Todos nos sentimos perdidos – ela fazia parte da família. Acho que Skip ficou realmente triste; elas eram muito próximas".

Até aquele dia, "ela estava batendo as asas, quase pronta para ir embora, e eu sabia que um dia ela iria nos deixar", afirma Annette. "Reabilitar animais é uma experiência muito especial, mas quando eles ficam curados, temos que dar um passo atrás e fazer com que eles saibam que os seres humanos, em geral, não são uma boa companhia para os animais selvagens. É o que eu sempre tento fazer." Mas no caso de Fifty Pence, as coisas não eram para acontecer dessa maneira. "É muito perturbador não saber se ela está bem, mas esperamos que esteja e que ela voltará na primavera – estamos torcendo para que isso aconteça. Tenho um laguinho bem grande aqui, de modo que talvez ela volte."

Até lá, Annette e sem dúvida Skip, com as orelhas em pé e o focinho ao vento, estarão observando o céu em busca de uma forma familiar e um grasnado afetuoso, esperando que Fifty Pence volte para casa, para a família que a ama.

TERRIER DE TRABALHO

Rápidos como uma flecha e com olfato sensível, vários tipos de terrier são há muito tempo os queridinhos dos caçadores de raposas, embora o ato de caçar raposas com cães – quer por esporte, quer para controlar populações de raposas – continue a causar um considerável debate, já que nem todos concordam em que isso seja humanitário.

(Yorkshire, Inglaterra, 2011)

A jumenta e o carneiro

Talvez não seja uma boa ideia saltar na frente de um trem que está vindo na sua direção para provar o seu amor. Mas provavelmente é justo afirmar que quase todos nós, em uma situação perturbadora ou assustadora, tentaríamos proteger um ente querido de um insulto ou ataque – mesmo que isso significasse que ficaríamos em dificuldades.

Correr riscos para salvar alguém especial não é de modo nenhum uma façanha exclusiva das pessoas. Animais sociais de todos os tipos são regularmente postos à prova na natureza, defendendo limites territoriais e familiares, lutando com rivais por causa de parceiros, enviando sinais de advertência, protegendo os filhotes e fugindo do perigo. E até mesmo os nossos amigos mais domesticados, nas situações menos prováveis, podem se revelar verdadeiros heróis no coração.

Quero lhe apresentar Dotty. Dotty é uma jumenta, rechonchuda e contente devido a anos de excelentes e afetuosos cuidados recebidos dos seus donos. É impressionante vê-la agora e conhecer a sua história. Quando era pequena, ela foi deixada amarrada à beira de uma estrada rural em uma aldeia de Yorkshire, claramente abandonada. Um homem que passava por ali avistou o animal e ficou perturbado ao perceber como a jumenta estava macilenta e vacilante. Por ser um eterno amante dos animais (e casado com outra), o homem não podia deixá-la ali para morrer, de modo que colocou a pequena Dotty no seu caminhão e a levou para casa, para morar com ele a esposa, Ann, na fazenda de 20 hectares do casal. Lá, a jumenta cresceu e vicejou.

Stanley, o carneiro, também morava na fazenda. Ele era uma criatura encantadora, lanoso e arredondado, com uma cara branca suave, os ouvidos sempre fremindo para um lado e para o outro. Ele também teve um começo de vida difícil. Ele e o irmão, Sidney, eram órfãos que Ann criara com mamadeira.

Desde o início, Dotty e Stanley compartilharam um estábulo e um campo um com o outro e com a coleção de outras criaturas de que Ann cuida – lhamas, bodes, coelhos, cavalos e galinhas, para citar apenas alguns.

"Dotty e Stanley tornaram-se bons amigos desde o início", recorda Ann. "Eles iam para o campo brincar juntos, na companhia de outro carneiro chamado Simon. Os dois carneiros perseguiam Dotty, e depois Dotty corria atrás dos carneiros. Eles corriam de um lado para o outro e pelejavam – era muito divertido observá-los. Eles agora estão um pouco velhos para isso, mas costumavam brincar o tempo todo." O fato de ambos os animais estarem "velhos demais" para brincadeiras violentas é uma ótima notícia, porque isso significa que ambos sobreviveram a uma horrível provação que teve lugar há alguns anos.

"Tudo ainda está muito nítido", diz Ann. "Esse tipo de coisa tende a se agarrar à nossa mente, não é mesmo?" Era um sábado à tarde, por volta das cinco horas, diz ela. Os animais estavam no campo, e ela estava por perto, no jardim. "De repente, houve uma comoção no portão, e Stanley veio correndo como eu nunca vira antes. Ele estava literalmente arrastando um cachorro. Era um pit bull, que estava com os dentes enterrados no pescoço de Stanley e não queria soltar."

Houve uma agitação terrível, diz ela, enquanto o carneiro se debatia e o cão mordia com mais força. Ann, desesperada para ajudar, correu em volta procurando alguma coisa que ela pudesse usar como uma arma contra o agressor. Ela agarrou um pedaço de cano de drenagem velho e correu para acudir Stanley.

"Foi quando ouvi um berro de fúria", comenta Ann. "Era Dotty! Não consigo descrever o som de nenhuma outra maneira – eu nunca ouvira algo igual. Ela veio galopando pelo campo em frenética perseguição ao cachorro e saltou sobre o pit bull, enterrando a mandíbula no pescoço dele. Os três ficaram embolados assim durante o que pareceu um longo tempo. Foi muito assustador."

Ann saiu do caminho quando se deu conta de que os seus esforços para ajudar eram inúteis. E de qualquer maneira, Dotty parecia estar levando vantagem. "Ela estava se saindo muito melhor do que eu", recorda Ann. A dor do aperto da jumenta finalmente deve ter atingido o cão, porque ele de repente soltou o carneiro e fugiu correndo. Mas ele ainda não tinha terminado; ao atravessar o campo ele efetivamente mordeu dois cavalos, sendo que um deles era apenas um pônei. Depois, finalmente, foi embora.

Enquanto Dotty assistia, "parecendo preocupada", diz Ann, "rapidamente levantamos Stanley e o levamos para o veterinário. O seu estado era péssimo, e o veterinário achou

CARNEIRO

REINO: Animalia
FILO: Chordata
CLASSE: Mammalia
ORDEM: Artiodactyla
FAMÍLIA: Bovidae
GÊNERO: *Ovis*
ESPÉCIE: *Ovis aries*

JUMENTO

REINO: Animalia
FILO: Chordata
CLASSE: Mammalia
ORDEM: Perissodactyla
FAMÍLIA: Equidae
GÊNERO: *Equus*
ESPÉCIE: *Equus africanus*
SUBESPÉCIE: *Equus africanus asinus*

que era melhor sacrificá-lo". Mas Stanley era um animal de estimação, e a família não queria perdê-lo. "Simplesmente nos recusamos a concordar com aquilo. Então, pedimos que arrancassem um dente quebrado de Stanley e o limpassem, e depois levamos o pobre coitado para casa."

O lado da face de Stanley onde ele levou a mordida ficou paralisado durante mais ou menos um ano, e ele não conseguia comer adequadamente. Os carneiros, como as vacas, regurgitam a comida e voltam a mastigá-la (isso se chama ruminar), mas a comida dele caía da boca porque os seus músculos faciais não estavam funcionando. "Ele lutou", diz Ann. Ela manteve Dotty e Stanley juntos, como era antes do incidente, para evitar mudar a rotina de uma maneira estressante. Esta pareceu ser a decisão certa. Aos poucos, ele começou a melhorar, e depois de algum tempo, recuperou-se completamente, com Dotty ao seu lado – dormindo "em um só monte" com Stanley e outro carneiro, comendo e andando no campo juntos.

"Acho que sem o nosso amor e apoio, e também o de Dotty, ele não teria sobrevivido. Teria morrido de choque."

Pouco tempo atrás, o ato heroico de Dotty foi reconhecido pelo PDSA (People's Dispensary for Sick Animals), uma instituição veterinária beneficente de renome no Reino Unido. O prêmio geralmente é dado a cachorros que serviram nas forças armadas, mas dessa vez uma corajosa jumenta recebeu o prêmio, a primeira vez que um animal não canino foi reconhecido. "O pessoal da televisão veio vê-la por causa do prêmio", diz Ann, "mas àquela altura acho que ela estava simplesmente cheia de tanta atenção. Câmeras demais na cara dela!"

Quem pode dizer por que Dotty fez o supremo sacrifício, colocando-se em uma situação perigosa para ajudar Stanley? "Eu mesma pensei duas vezes se deveria chegar perto daquele cachorro", admite Ann. "Mas Dotty não fez isso. Ela salvou Stanley sem se preocupar consigo mesma. Isso é amor, eu acho."

(Hampshire, Inglaterra, 2008)

A pata e o pit bull

Em uma fazenda nos arredores de Southampton, Hampshire, na costa meridional da Inglaterra, uma mulher chamada Steph Tufft contemplou um mar de patos brancos, cerca de 3 mil no total. Cada um deles estava destinado a um prato (afinal, estes eram da espécie usada na receita do pato à Pequim). Um patinho com um topete amarelo captou o seu olhar. "É esse que eu quero", disse ela, selando o destino do animal. Mas neste caso, foi um destino feliz. Steph não queria um pato para o jantar; ela queria um pato como animal de estimação. E Essy, como Steph a chamou (era uma patinha), logo seria acariciada, mimada e amada pela sua dona, pela família dela, e por um amor improvável.

O primeiro vislumbre que a maioria das pessoas tem de Essy hoje em dia é um borrão branco em uma correia imprensada entre dois cães. Pode ser necessária uma segunda olhada para destrinçar o estranho quadro, um bico entre

PIT BULL

Anteriormente chamados de "cães babás" devido à sua conduta delicada com as crianças, os pit bulls hoje arcam com uma injusta reputação de violência.

focinhos de cachorro, patas palmadas dançando entre patas caninas, as correias na mão de Steph enquanto ela conduz a turma pela calçada nas tardes de domingo.

Os dois cachorros, uma cadela pit bull Raksha e um Staffordshire bull terrier cruza Double D (para "deaf dog")[2], já pertenciam ao marido de Steph quando ela o conheceu. Assim sendo, a coisa seguinte a fazer depois de comprar o seu pato era apresentá-lo aos cães. "O plano era deixar que os cachorros a farejassem e depois colocá-la em uma área separada, para não apressar as coisas", diz ela. "Mas assim que conheceu Raksha, a patinha se apegou a ela."

Desde cedo, Steph tentou manter os animais separados, dividindo um corredor com um portão, e depois com uma cerca alta. "Nós achávamos que era melhor conceder aos diferentes animais o seu próprio espaço. Mas independentemente da altura da barreira, eles a escalavam, e nós os encontrávamos dormindo juntos, felizes, quando chegávamos em casa." (Até hoje ela não tem certeza de como eles faziam aquilo.)

O grupo vai à praia e, quando os cachorros correm para nadar, Essy vai atrás deles, grasnando loucamente, embora não consiga realmente acompanhá-los. E depois de passar tanto tempo com cães, a pata agora gosta mais de biscoitos de cachorro do que de pão.

Ocorreu então o incidente que realmente mostra o elo entre Essy e Raksha. Certa noite, Essy foi atacada por um cão selvagem.

PATO DOMÉSTICO

REINO: Animalia
FILO: Chordata
CLASSE: Aves
ORDEM: Anseriformes
FAMÍLIA: Anatidae
GÊNERO: *Anas*
ESPÉCIE: *Anas platyrhynchos*
SUBESPÉCIE: *Anas platyrhynchos domestica*

---

[2] "Cachorro surdo." (N. dos T.)

"Foi horrível", relembra Steph. "O peito dela foi rasgado; estávamos em um lugar muito afastado da civilização e era tarde – eu mesma tive que dar os pontos nela e torcer pelo melhor. A situação permaneceu precária a noite inteira; não tínhamos certeza se ela iria sobreviver." Steph e o marido colocaram Essy perto da sua cama para que pudessem ficar de olho nela, "mas ela não se acalmava. O meu marido sugeriu que trouxéssemos Raksha para lhe fazer companhia. Assim que ela chegou, Essy se aconchegou a Raksha e se acalmou."

Raksha ficou com Essy durante doze noites, lambendo-a, cuidando dela e ajudando-a a se recuperar. "Raksha verificava e lambia o tempo todo a área do peito de Essy que estava ferida – era realmente impressionante. Ela parecia saber que essa parte de Essy precisava de cuidados", diz Steph. "Essy poderia não estar conosco agora, talvez tivesse desistido, se ela não tivesse Raksha. A cadela deu a ela alguma coisa pela qual viver."

Steph, que havia muitos anos era enfermeira veterinária e vira muitas ligações entre animais, diz que genuinamente acredita que entre Essy e Raksha exista alguma coisa semelhante ao amor, é um vínculo muito forte. "Elas são muito carinhosas; parecem ter a necessidade de estar uma com a outra. Nunca vi nada assim antes. A pata e a cadela literalmente são literalmente apegadas uma à outra; se estamos assistindo à televisão, as duas se enroscam na cama e ficam quietas pelo resto da noite.

"Elas ficam muito felizes por estar juntas", diz Steph, "apenas as duas."

(Poniatowa, Polônia, 2011)

O boxer cego e o ganso

Uma mulher chamada Renata Krause mora em uma minúscula cidadezinha batizada de Poniatowa. Renata tem uma velha casa e um celeiro em um bairro antigo cheio de casas velhas e celeiros, em uma rua estreita onde todo mundo conhece todo mundo mas as pessoas tendem a viver cada uma no seu canto. A casa de Renata tinha todas as coisas típicas que os lares costumam ter, mas tinha também algumas esquisitices. Bak (que se pronuncia *Baks*) é um boxer, e é completamente cego. E Guzik é um ganso cuja maior felicidade é enxotar todo mundo. A não ser Bak. Bak pode ficar.

Então, Bak e Guzi: qual é a história deles?

Renata adotou Bak quando ele era um filhote, pegando-o de um amigo. Desde o início, Bak se revelou um andarilho. Ele pulava a cerca do jardim e ia até a aldeia em busca de um companheiro para brincar.

GANSO-AFRICANO

REINO: Animalia
FILO: Chordata
CLASSE: Aves
ORDEM: Anseriformes
FAMÍLIA: Anatidae
GÊNERO: *Anser*
ESPÉCIE: *Anser cygnoides*
SUBESPÉCIE: *Anser cygnoides domesticus*

Ele também ficou muito grande. Infelizmente, os vizinhos de Renata não ficavam satisfeitos ao ver esse parrudo animal, desacorrentado, aparecer na propriedade deles. Mas Bak era persistente; quando Renata elevou a altura da cerca, ele simplesmente escavou a terra embaixo dela para fugir. E lá ia ele.

Certo dia, quando Bak voltou para casa, como de costume, depois de uma das suas aventuras, ele estava completamente cego! O mais provável é que alguém o tenha cegado intencionalmente para enviar para Renata a mensagem de que a perambulação do cachorro tinha se tornado intolerável. Ela se sentiu muito mal por causa dessa agressão. O veterinário o examinou e sugeriu que talvez Renata devesse sacrificá-lo. "Mas ele ainda era jovem", diz Renata. E ela era enfermeira e tinha um coração protetor. "Eu simplesmente não quis fazer aquilo!"

Nesse meio-tempo, Renata precisou passar algum tempo na Itália, de modo que a sua mãe foi para a aldeia cuidar da casa. Quando Renata voltou, encontrou Guzik no jardim. Guzik, o ganso, era apenas uma coisinha; tinha sido rejeitado pela mãe. Por isso, a mãe de Renata decidira ficar com ele. (O nome dele, Guzik, significa "botões", por causa da sua inclinação para tentar arrancar com o bico os botões da roupa das pessoas.)

Antes da chegada de Guzik, Bak estivera tentando se adaptar à sua cegueira, mas o seu sucesso fora limitado. "Ele esbarrava em tudo, e parecia infeliz e indefeso", recorda Renata.

Mas o ganso que não parecia gostar de ninguém decidiu tomar o cachorro cego sob sua proteção. Guzik agora "diz" a Bak onde há comida e o conduz até o seu osso e a sua tigela de água. Ele acorda o cão de manhã e até mesmo o ajuda a cumprir a sua função de "cão de guarda". "O ganso efetivamente corre até o portão quando o carteiro chega ou o pão é entregue e faz muito barulho, corre para buscar Bak, e este então segue o ganso e começa a latir."

"Eles brigam muito", admite Renata. "O ganso é dominador e, às vezes, rouba a comida de Bak. Eles também brincam de uma maneira bruta, mas são realmente apegados um ao outro – estão apaixonados, de uma certa maneira." E, com frequência, eles são muito carinhosos, afirma ela. Quando dormem, Guzik estica o

pescoço sobre o corpo de Bak, aconchegando-se da melhor maneira que um ganso consegue fazer. E certa vez, quando Bak estava doente, Renata conta que o ganso se mostrou apático e deprimido. "Não creio que seja habitual um ganso demonstrar emoções, mas ele pareceu fazer isso naquela ocasião."

A própria Renata esteve muito doente algum tempo atrás, e ela diz que durante a sua recuperação, o relacionamento de Bak e Guzik lhe trouxe muita alegria, assim como os seus outros animais de estimação (gatos, cachorros, galinhas). "Eles me ajudam a enfrentar as dificuldades", diz ela. "Na Polônia, na maioria das aldeias, os animais são tratados como animais", diz ela, "de modo que a maneira como eu os trato, como sendo da família, é um pouco estranha. Mas eu sinto amor por eles, e acho que eles sentem o mesmo uns pelos outros também."

(ALASCA, ESTADOS UNIDOS, 2008)

A menina e o alce

PARA OS AMANTES DE ANIMAIS COMO NÓS, INTERAGIR COM UM QUE SEJA SELVAGEM, MESMO que seja apenas avistar um veado de relance ou atrair tentilhões para o comedor, pode fazer o nosso coração dar saltos de alegria. É realmente emocionante. Imagine então o que acontece ao coração (dica: ele dá saltos muito rápidos de felicidade) quando o animal com o qual você se depara é um alce. Um *alce*! Não estou falando de um cachorro imenso; o alce é realmente muito grande, muito poderoso e verdadeiramente selvagem. Além disso, os machos podem desenvolver galhadas gigantescas. Um inocente observador desavisado pode ser simplesmente derrubado no chão se o animal virar a cabeça da maneira errada.

Mas quando é jovem, o alce é como muitas outras criaturas jovens – carinhoso, vulnerável e, potencialmente, até mesmo fofinho. Foi o que Vanessa Gibson descobriu durante o tempo que passou como estagiária no Alaska Wildlife

ALCE
REINO: Animalia
FILO: Chordata
CLASSE: Mammalia
ORDEM: Artiodactyla
FAMÍLIA: Cervidae
GÊNERO: *Alces*
ESPÉCIE: *Alces alces*

Conservation Center em Portage. Foi lá que ela conheceu e se apaixonou por Jack o Alce.

"Eu estava sentindo saudades de casa na ocasião", relembra Vanessa. Então, quando o seu chefe lhe disse que tinham recebido um filhote de alce ferido para cuidar, ela ficou esperançosa de que, se desse uma olhada no animal, talvez se tivesse a oportunidade de alimentá-lo, a sua melancolia pelo menos diminuiria.

Com o incentivo do chefe, Vanessa correu para o celeiro do abrigo e deu uma espiada. Ela viu um pequeno animal de pernas compridas enroscado em um monte de feno. Jack tinha cerca de três dias de idade e pesava provavelmente pouco mais de 10 quilos. Sua perna dianteira estava quebrada acima do joelho e ele tinha a marca de uma mordida acima do quadril – que podia ser de um urso, ou de um cão. "Ele olhou para mim, os seus olhos se arregalaram e ele chorou!", diz Vanessa. "E os sons que ele fazia eram de cortar o coração. Os filhotes de alce emitem um gemido agudo que soa muito como *Ma! Ma!*" Até mesmo no triste estado em que ele se encontrava, "foi a coisa mais adorável que eu já vi... ou ouvi", diz Vanessa.

O chefe disse a Vanessa que ela seria a mãe do alce naquele dia, e ela alegremente se juntou ao filhote no feno com uma mamadeira para alimentá-lo. E lá ela ficou. O dia inteiro. A noite inteira. "Depois de algum tempo, Jack não relaxava e nem dormia se a sua cabeça não estivesse apoiada em mim. Alguém tinha que levar o jantar para mim, porque depois que eu me sentava com Jack, não podia mais sair do lado dele."

A tarefa era longa e difícil. O estado de Jack era bem delicado, e Vanessa estava preocupada com a possibilidade de ele não conseguir vencer a provação.

　Mas Jack pareceu melhorar um pouco depois de receber os constantes cuidados de Vanessa durante uma semana. Ele até mesmo recebeu o apelido de Capitão Jack quando aprendeu a claudicar de um lado para o outro com uma tala de fabricação caseira (a sua própria perna mecânica). À medida que Jack foi se recuperando e crescendo durante o verão, Vanessa diz que não ficava longe dele por mais de algumas horas de cada vez. "Eu queria estar com ele o tempo todo. Àquela altura, ele era o *meu* alce. Eu dormia em uma barraca para poder ficar perto dele. Ele se acostumou à minha presença, chovesse ou fizesse sol.

　Imagine então o que ter que se despedir de Jack e voltar para a escola no final do verão fez ao coração de Vanessa. "Quando eu estava desmontando a barraca, Jack veio ver o que eu estava fazendo. Ele pôs as orelhas para trás e se afastou correndo, como se soubesse que eu estava indo embora. Eu acho que ele sabia. Tiveram que me arrastar da área cercada para eu não perder o avião."

　Vanessa só voltou nove meses depois. Esse período de tempo passa correndo para uma estudante universitária, mas é uma vida inteira para um jovem alce

– especialmente no que diz respeito ao seu crescimento. O tamanho de Jack triplicou durante esses meses. Essa foi a primeira surpresa de Vanessa quando ela finalmente voltou a vê-lo.

A segunda surpresa foi ele se lembrar dela tão bem e tratá-la com delicadeza. "Eu pesquisara muito a respeito dos alces e sabia que, embora possam formar fortes elos quando pequenos, eles também podem, quando já estão com um ano de idade, de repente se tornar agressivos." Jack estava de costas para Vanessa quando ela chegou ao refúgio de animais, e ela pensou: "Oh! Ele não vai saber quem eu sou! Ele vai ficar assustado ou agressivo". Mas ela estava três vezes errada.

"Quando saltei do carro, as orelhas dele se voltaram para mim. E mesmo antes de eu dizer qualquer coisa, ele correu até a cerca, com as orelhas voando para trás, e começou a se esfregar na minha mão. Ele me reconheceu imediatamente e ficou eufórico ao me ver. Eu me senti muito feliz!"

Os dois retomaram algumas antigas rotinas. "Eu o escovava e ele acomodava a cabeça no meu ombro e pegava no sono. Eu me deitava ao lado dele, e ele levantava a cabeça e olhava nos meus olhos. Então, eu acomodava a *minha* cabeça no ombro *dele*, e depois ele colocava a cabeça dele sobre a minha. Isso era tão especial, tão relaxante." Entre outros rituais estavam uma forma "alcina" de "ir buscar um pedaço de pau" (embora Jack não fosse muito competente nessa atividade), correr juntos de um lado para o outro e brincar de pegar. "Eu sempre conseguia sentir quando ele se aproximava de mim por trás, e eu me virava e o perseguia, ele corria – ele adorava a brincadeira."

Os animais selvagens, mesmo aqueles que são criados com pessoas, podem ser imprevisíveis – e Vanessa permanecia consciente disso o tempo todo que estava com Jack. No entanto, mesmo sendo um gigante, o alce era delicado com Vanessa, nunca a deixou nervosa ou mostrou qualquer sinal de agressividade para com ela. "Eu sabia como agir ao lado ele e quando lhe dar espaço", comenta ela. "Por isso, não havia nenhum motivo para ele ter medo de mim ou me ameaçar." Na realidade, Jack protegia excessivamente Vanessa, colocando o seu corpo de 1,83 metro de altura e 500 quilos entre ela e outras pessoas, outros animais e até mesmo o namorado dela, encarando-os fixamente. "Quando grupos visitavam o centro e queriam ouvir histórias sobre Jack", comenta ela, rindo, "ele impedia que as pessoas se aproximassem de mim, deslocando-se ao longo da cerca junto comigo. Eu tinha que me sentar debaixo dele para poder falar e ser vista."

Depois, o triste dia chegou de novo, quando Vanessa precisou arrumar a mala e voltar para a sua outra vida. Dessa vez, Jack pareceu querer confortar Vanessa em vez de se afastar ofendido como fizera antes, e ele a fez rir com as suas palhaçadas.

Claramente, diz Vanessa, "estou apaixonada. E acho que Jack sente algo parecido; ele certamente sente algo semelhante às emoções humanas. Percebo tristeza e entusiasmo. Ele sente saudades de mim quando vou embora. Eu telefonava alguns dias depois e os estagiários diziam que ele tinha parado de comer, que não estava comendo nem mesmo o seu alimento predileto, bananas, depois que tinha ido embora. Ele vagava sem rumo, sabendo que eu não iria voltar por algum tempo".

Ainda assim, Jack continua a vicejar, relata Vanessa. "Ele está agora com 4 anos, e é muito saudável."

Vanessa sempre saberá que foi o seu terno vínculo com o alce que deu a ele forças para superar as suas primeiras cinco semanas de vida. "Quando penso nisso, a coisa sempre mexe muito comigo", diz ela. "Amei cada minuto que passamos juntos quando ele estava crescendo. Aquilo me modificou." E proporcionou a ela um novo objetivo na carreira: a pesquisa dos alces!

SER HUMANO
REINO: Animalia
FILO: Chordata
CLASSE: Mammalia
ORDEM: Primatas
FAMÍLIA: Hominidae
GÊNERO: *Homo*
ESPÉCIE: *Homo sapiens*

(Norfolk, Inglaterra, 2011)

A leitoa e o boxer

Conhecendo a história dela, poderíamos imaginar que Puggy, um boxer fêmea, teria dado uma olhada em um jovem animal necessitado de cuidados maternos e fugiria como o diabo foge da cruz. Afinal de contas, a cadela tinha morado anteriormente em um canil galês de fundo de quintal em condições horríveis – e era usada como reprodutora. "Ela basicamente vivia em uma masmorra, diz a sua dona atual, Wendy Valentine, explicando que a cadela (que previamente se chamava Susie) provavelmente tivera várias ninhadas que os seus donos depois venderam. (O local mais tarde foi fechado e a dona processada pelos seus crimes contra os animais.) Portanto, se Puggy tivesse associado um filhote a esse tipo de vida difícil, ninguém a teria censurado.

Mas não é assim que Puggy se comporta. Em vez disso, ela oferece livremente o seu amor, sem guardar nenhum ressentimento do odor de recém-nascidos que

um dia estivera misturado com o cheiro de lixo e sujeira. Na realidade, talvez ela seja um ser tão generoso por causa da sua antiga vida. Ela conheceu a adversidade e não quer que nenhum outro animal sofra.

Por isso, quando uma minúscula leitoa entrou em seu mundo no Hillside Wildlife Sanctuary em Norfolk, na Inglaterra, Puggy logo acionou seu lado materno, como se um interruptor tivesse sido ligado dentro dela. A porquinha, sem os pais havia um ou dois dias, deixou de ser órfã.

O nome da leitoa é Tabitha. Ela era minúscula quando foi descoberta

PORCO DOMÉSTICO

REINO: Animalia
FILO: Chordata
CLASSE: Mammalia
ORDEM: Artiodactyla
FAMÍLIA: Suidae
GÊNERO: *Sus*
ESPÉCIE: *Sus scrofa*
SUBESPÉCIE: *Sus scrofa domesticus*

à beira de uma estrada, após provavelmente ter caído de um caminhão a caminho de uma usina de beneficiamento. "É possível que a sua mãe tenha dado à luz no próprio caminhão", diz Wendy, "e o filhote tenha caído através das ripas." Ela era realmente muito pequena; se não tivesse sido salva, sem dúvida teria morrido rapidamente.

Mas ela foi salva, levada para Wendy no Hillside para receber cuidados. Hillside não é um santuário qualquer. Ele abriu com apenas 8 hectares mas se expandiu e agora abrange 182 hectares, casas e cerca de 2 mil animais – e os que são realmente bem pequenos recebem tratamento especial na cozinha quente e seca de Wendy. "Carneiros e porcos que eu ajudo estão sempre chegando e indo embora, e os meus cachorros também vêm e vão, de modo que há muitas interações", diz ela.

Mas esta era realmente especial, afirma ela. Puggy se sentiu imediatamente atraída por Tabitha, e logo estava esfregando o focinho na porquinha e beijando-a constantemente. Ela também protegia muito Tabitha – tendo certa vez mordido um visitante que havia dado, de brincadeira, uma palmada na leitoa. "Não consegui acreditar naquilo!", diz Wendy. "Acho que ela estava dizendo: *'Sai fora! Deixa a minha porca em paz!'*."

A porca e a cadela rolavam juntas na cama da cadela, ou lutavam de brincadeira no campo. Quando a porca ficou maior, pareciam dois cachorros correndo e caindo um sobre o outro;

nenhuma das duas parecia saber que Tabitha não era canina. Havia entre elas um verdadeiro elo amoroso. Conta Wendy, "E se Tabitha estava atrás da cerca no meu jardim e Puggy não estava, a cadela ficava farejando através da cerca, dando lambidas e emitindo pequenos ruídos – eu sabia que elas queriam ficar do mesmo lado!"

Foi divertido para Wendy ver a porca crescer do seu tamanho minúsculo e se tornar gigante, com o tempo ultrapassando a sua mãe substituta em todas as dimensões. Será que Puggy percebeu desde cedo que aquela porquinha com quem que ela fizera amizade logo se tornaria um animal superdimensionado com força suficiente para carregar um boxer nas costas? "É possível", diz Wendy. "E talvez tenha sido por isso que Puggy foi tão boazinha com Tabitha desde o início."

BOXER

Uma explicação comum (e provavelmente falsa) para o nome do boxer é que ele vem da tendência dos cachorros de "boxear" com as patas dianteiras quando brincam. Mas na verdade, o boxer boxeia mais com a cabeça – girando o focinho com força suficiente para deixar um gato inconsciente!

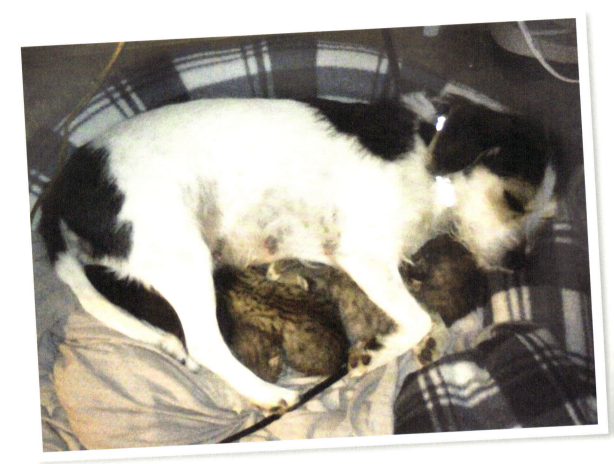

(Michigan, Estados Unidos, 2012)

A mamãe vira-lata e os gatinhos

O CARINHO MATERNAL... PODE SER A LIGAÇÃO AMOROSA ENTRE DIFERENTES ESPÉCIES DO reino animal. Eis uma história particularmente encantadora a respeito de uma cadela, cruza de beagle e terrier, que adotou uma ninhada inteira de gatinhos e se tornou a mãe deles não apenas de fato como também de corpo e alma.

Os minúsculos felinos que se contorciam, com apenas uma semana de vida, precisavam de alguém que conseguisse criá-los. Heather Rector, uma jovem que morava em Michigan, viu um post on-line que informava que os gatinhos estavam disponíveis e requeriam atenção especial – não estavam se alimentando bem com mamadeira. Heather tinha coração mole e não conseguiu suportar a ideia de que os gatos pudessem passar fome, de modo que ela disse que cuidaria deles temporariamente.

"Eu os trouxe para casa e os coloquei em uma caixa no chão da cozinha", recorda ela, "e mais ou menos dez minutos depois, a minha cadela, Sydney, enfiou

GATO DOMÉSTICO

REINO: Animalia
FILO: Chordata
CLASSE: Mammalia
ORDEM: Carnivora
FAMÍLIA: Felidae
GÊNERO: *Felis*
ESPÉCIE: *Felis catus*

a cabeça na caixa, farejou os gatinhos e depois começou a carregar um por um pelos pequenos cangotes, depositando-os na sua cama." Fora assim que ela carregara os seus próprios filhotes recém-nascidos, diz Heather.

Heather achou o comportamento de Sydney adorável, mas ela não resolveu o problema de fazer com que os gatinhos comessem. Ela tentou deixar o leite escorrer pelo seu dedo, pela ponta de um pano, experimentou tudo o que lhe ocorreu, porém em vão.

Um ou dois dias depois, Heather fez planos para visitar o noivo. Sydney, diz ela, recusou-se a deixar os gatinhos sozinhos, de modo que Heather teve que arrumar o zoológico inteiro e levá-lo com ela, com cama e tudo. Foi na casa do noivo de Heather que o casal teve uma bela surpresa.

"O meu noivo estava afagando Sydney quando, de repente, ele percebeu que as suas mãos estavam cobertas por um líquido branco", relembra Heather. "Era leite! Sydney estava produzindo leite para esses filhotes que nem mesmo eram dela." A última ninhada de Sydney (de cachorrinhos) desmamara havia mais de um ano e meio, de modo que não havia nenhum razão para que ela estivesse produzindo leite agora. Mas os cachorros podem ter "falsas gestações" ou podem produzir leite se os hormônios certos atingirem determinados níveis. Parece que os miados necessitados dos gatinhos e o fato de eles estarem se remexendo contra o corpo dela enviaram para o cérebro de Sydney a mensagem de que estava na hora de produzir leite novamente. E o instinto materno dela fez com que o seu corpo também se tornasse maternal.

O melhor de tudo foi que os gatinhos pareciam extremamente satisfeitos em sugar as tetas de Sydney e beber o leite de cadela como se fosse da sua própria espécie, obtendo o sustento necessário para engordar.

Sydney continuou a ser a mãe amorosa e protetora dos gatinhos. Quando o outro gato de Heather se aproximava, a cadela corria atrás dele pela casa para mantê-lo afastado. "Ela é uma cadela maravilhosa e amigável – nunca é agressiva", afirma Heather. "Mas, quando achava que os gatinhos estavam em perigo, ela exibia um lado muito protetor."

Quanto aos gatinhos, eles logo se apegaram a Sydney, seguindo-a de um lado para o outro e subindo nela, aconchegando-se a ela à noite. Quando Sydney ia para o lado de fora fazer suas necessidades, os gatinhos também iam atrás dela. "Tivemos muita dificuldade para ensiná-los a usar a caixa de areia", diz Heather, "porque eles queriam ir para o lado de fora fazer o que os cachorros fazem."

Quando os gatinhos começaram a comer alimentos sólidos, a sua mãe-cadela partia o alimento em pedaços minúsculos para que fossem mais fáceis de engolir. Depois, ela lambia os seus tutelados para limpá-los. É como se eles tivessem sido dela desde o início, comenta Heather.

A própria Heather estava grávida durante esse período, de modo que conseguia compreender as atitudes maternais de Sydney. "A maternidade encerra um amor incondicional, um vínculo indestrutível, e acho que ela sente isso por eles", afirma Heather.

CÃES E GATOS

De acordo com a Humane Society dos Estados Unidos, cerca de 78 milhões de cães e 86 milhões de gatos são mantidos como animais de estimação nos lares americanos. Mais de um terço de todas as unidades familiares tem pelo menos um cão e outro terço pelo menos um gato.

(SHREWSHIRE, INGLATERRA, 2010)

A galinha e os cachorrinhos

GALINHAS. ELAS SE SENTAM NOS OVOS. ELAS PERAMBULAM PELO QUINTAL BICANDO SEMENTES. Elas cacarejam. Elas têm aquele topete vermelho bonitinho que parece dedos torcidos se projetando da cabeça. Elas... adotam cachorrinhos?

Tipicamente não. Mas conheça Mabel, uma galinha atípica.

Mabel mora em uma fazenda em Shrewshire, na Inglaterra, pertinho da fronteira com o País de Gales. Se você saísse do celeiro, virasse à esquerda e caminhasse 160 quilômetros, você chegaria a Londres. Mas aqui não há sinal de nenhuma cidade: é um lugar tranquilo com bosques e pastos, onde cavalos pastam, pombos arrulham e gansos visitam o pequeno lago nas proximidades. Não é de estranhar que Mabel seja um animal caseiro – quem não seria? E embora os seus donos construam galinheiros como parte das suas atividades comerciais na fazenda, *esta* galinha prefere uma cozinha aquecida a qualquer caixa para aves, por mais aconchegante que ela seja.

"Sempre tivemos galinhas, adoramos tê-las por perto", afirma Edward Tate, o dono da fazenda. "Mas Mabel, a terrível Mabel, tem sido uma ave muito especial."

Tudo começou quando Mabel topou com o casco de um cavalo. Ela estivera vagando pelo local onde os cavalos estavam amarrados no pátio quando um deles, acidentalmente, pisou no pé dela. Mabel cacarejou de dor e foi embora mancando, e logo a sua perna machucada foi alvo da solidariedade do casal Tate.

"Estava particularmente frio naquela ocasião, de modo que a trouxemos para a cozinha para se recuperar", explica Edward.

Nesse meio-tempo, Nettle, a terrier Jack Russell preta e castanha da família, tinha dado à luz quatro cãezinhos encantadores. O casal Tate os mantinha em uma caixa acolchoada – também na aconchegante cozinha. Nettle era uma boa mãe para a sua ninhada, mas às vezes até mesmo as melhores mães precisam ficar algum tempo longe dos pequeninos.

"Nettle costumava sair para o quintal para farejar de um lado para o outro, e foi quando vimos Mabel olhando fixamente para os cachorrinhos", diz Edward. "Ela foi se

GALINHA

REINO: Animalia
FILO: Chordata
CLASSE: Aves
ORDEM: Galliformes
FAMÍLIA: Phasianidae
GÊNERO: *Gallus*
ESPÉCIE: *Gallus gallus*
SUBESPÉCIE: *Gallus gallus domesticus*

aproximando cada vez mais da caixa, até que um dia, quando Nettle saiu, ela saltou para dentro da caixa e se acomodou em cima dos cãezinhos, espalhando as asas de maneira a cobri-los totalmente. Estou certo de que estava muito agradável e quentinho em cima daqueles corpinhos peludos." Se o focinho de um deles saía de debaixo da asa, Mabel delicadamente o empurrava de volta ou mudava de posição para se certificar de que nenhum deles estava exposto.

"Depois de Mabel fazer isso durante alguns dias, imaginamos que Nettle estaria pensando: 'Oh, lá está aquela horrível galinha tentando de novo tomar o meu lugar!' Nós tínhamos que tirar Mabel da caixa, porque ela não queria sair dali", diz Ed. Os cãezinhos, por seu lado, não pareciam se importar com a espécie que estivesse sentada em cima deles, desde que ficassem protegidos do frio. "Para eles, era como ter um edredom emplumado e aquecido", comenta ele.

A filha de Edward, Miranda, se lembra de que Nettle "no começo ficou zangada; afinal de contas, os bebês que estavam na caixa eram dela!", mas logo passou a tolerar a galinha. "Às vezes, Mabel ficava ao lado da caixa esperando que a cadela saísse e, assim que isso acontecia, saltava para dentro e bancava a mãe até que a verdadeira voltasse." Embora, sem dúvida, a galinha fosse atraída pelo calor dos cãezinhos, "eu definitivamente encarava a atitude dela como afeição materna, amor materno", diz Miranda. "Mabel estava na idade de ter os seus pintinhos. Acho que ela realmente via os cachorrinhos como sendo dela."

Com o tempo, os cãezinhos cresceram o suficiente para ser adotados por outras pessoas, e Mabel, completamente curada da lesão na perna, voltou a perambular embaixo dos cavalos – ou porque não tinha aprendido a lição, ou, neste caso, porque a aprendera muito bem. Será que outro machucado não a levaria de volta para perto da sua prole?

(OKLAHOMA, ESTADOS UNIDOS, 2012)

O bode e o pit bull

JULIE E NATE FREE MORAM PERTO DE TULSA, OKLAHOMA, NO FINAL DE UMA ESTRADA RURAL sem saída, onde cavalos, viveiros de peixes e latidos de cachorros compõem a paisagem. E bodes e cabras. Nate tem uma porção deles. Certa noite, já bem tarde, quando estava viajando, Nate telefonou para a mulher e pediu a ela que desse uma olhada em uma certa cabra que estava para dar à luz. Era a primeira vez que ela paria, e ele estava preocupado com a cabra.

"Era meia-noite", recorda Julie, "e, de fato, a cabra estava em pleno trabalho de parto."

"A mãe dá à luz o primeiro filhote", explica Julie, "e ele não está se mexendo. A mãe corre para o outro lado do redil, sem demonstrar interesse pelo animalzinho que acabara de nascer, de modo que eu o pego no colo e corro atrás da mãe porque, de repente, ela está tendo outro filhote. E depois, um terceiro! Em todos

BODE

REINO: Animalia
FILO: Chordata
CLASSE: Mammalia
ORDEM: Artiodactyla
FAMÍLIA: Bovidae
GÊNERO: *Capra*
ESPÉCIE: *Capra aegagrus*
SUBESPÉCIE: *Capra aegagrus hircus*

os anos que o meu marido teve cabras, era a primeira vez que uma delas paria trigêmeos." Quando as cabras têm três cabritos, um deles geralmente não sobrevive. (Alguns mamíferos e pássaros evoluíram de maneira a ter um filhote "extra" como garantia – para aumentar as suas chances de terminar pelo menos com um rebento saudável.) Infelizmente, ser o "extra" parecia o destino provável daquele primeiro cabrito.

"Telefonei para o meu marido e disse que eu não sabia se o animal iria sobreviver. Mas é claro que eu tinha que fazer o possível para salvá-lo." Julie carregou o cabrito, ainda imóvel, para dentro de casa e deitou-o no chão sobre uma toalha enquanto ia buscar uma almofada elétrica.

Julie e Nate têm cinco cães, mas na ocasião todos já estavam acomodados nos seus cercados, dormindo. Exceto Piper. "Piper é a única bem-comportada", diz Julie, rindo. Ela está rindo porque Piper é um pit bull fêmea, e todo mundo imagina que, se você tem um cachorro bravo e um pit bull, eles necessariamente têm que ser o mesmo cachorro. "Ela simplesmente não é o que poderíamos esperar", declara Julie. "Se os outros cachorros brigam, ela vai se esconder no armário." Ela decididamente não faz jus à reputação de monstro feroz.

"Nesse meio-tempo, Piper está assistindo a toda a cena. Ela então começa a agir de uma maneira muito estranha", diz Julie. "Ela olha para o cabrito, depois olha para mim e late bem baixinho, depois olha novamente para o cabrito, de novo para mim, late novamente, repetidas vezes." Julie compreendeu que Piper desejava inspecionar o animal, de modo que deu a ela o sinal verde.

Piper se encaminhou diretamente para o filhote e começou a lambê-lo. "Ela lambeu o cabrito inteiro, sem parar, e depois de algum tempo, ele começou a se mexer! É como se ele, de repente, tivesse sido ganhado vida."

Piper e GP ("Goat Puppy") se tornaram como mãe e filho depois que a cadela reviveu o cabritinho naquela noite. Piper limpava o queixo cor de leite de GP e se enrolava carinhosamente ao redor dele enquanto ele cochilava. GP saía para passear com Piper, Julie e Nate – um bode em uma coleira. "Os vizinhos paravam para olhar", comenta Julie. E quando Piper estava fazendo treinamento de agilidade – correndo, subindo e saltando sobre obstáculos –, GP a acompanhava, tentando seguir o exemplo dela.

Em um determinado momento, infelizmente, GP começou a arrastar uma das pernas. Ele pode ter ficado preso na cerca ou talvez um dos bodes

maiores pode tê-lo machucado – Julie e Nate não sabem exatamente o que aconteceu. Inicialmente, eles esperavam que a perna ficasse curada sozinha, mas em vez disso, a circulação se tornou tão ruim que ficou claro que a perna precisava ser amputada.

"Veja bem; estou acostumada a lidar com veterinários de cidades pequenas", diz Julie. E eles já me ouviram dizer cada uma! Mas, quando eu apareço em um domingo com um bode doente e uma fêmea de pit bull, e ligo: 'Este é o bode de Piper, ela o mantém calmo e precisa ficar ao lado dele' –, eles talvez tenham pensado que eu finalmente enlouquecera de vez."

Ainda assim, o veterinário permitiu que Piper permanecesse na sala durante a operação de GP. Em um determinado momento, Piper pôs as patas sobre a mesa de cirurgia para tentar ver o que estava acontecendo. "Ela estava perguntando: 'O que você está fazendo com o meu cabrito?'", diz Julie.

Enquanto GP se recuperava da cirurgia e começava a correr novamente de um lado para o outro, Piper continuou a zelar por ele, brincar com ele e preferi-lo aos outros animais. "Temos um pit bull fêmea que ama um bode, e vice-versa", diz Julie. "É algo que nunca vi antes."

O amor de Piper por GP, e o amor recíproco deste, trouxe uma alegria especial para a vida de Nate e Julie. "GP tem para sempre um lar aqui conosco", comenta Julie. E Piper não vai a lugar nenhum. Afinal de contas, ela tem o seu bode.

BODE

Esses animais sempre foram valiosos (pelo leite, pela carne e pela pele) e populares. Alguns encontros com a fama: os filhos de Abraham Lincoln tinham dois bodes que viviam na Casa Branca. E dizem que Mahatma Gandhi consumiu leite de cabra todos os dias durante mais de trinta anos.

(Sul de Adelaide, Austrália, 2012)

O carneiro malhado e o dálmata

Em primeiro lugar, vamos acabar com os boatos, ok? Não, uma ovelha não cruzou com um dálmata para gerar Lambie, o carneiro extraordinariamente parecido com um dálmata desta história. (Vamos lá, essa ideia passou pela sua cabeça, não passou?) A natureza não funciona dessa maneira. Cachorros e carneiros podem demonstrar afeto uns pelos outros, mas não fazem bebês juntos.

Ainda assim, a coincidência, você pode chamá-la de acaso feliz, foi incrível.

Julie Bolton do sul de Adelaide, na Austrália, cria dálmatas, inclusive Zoe, de 7 anos de idade, uma deslumbrante campeã no mundo das exposições caninas. Ela também é um animal que assume o comando, diz a sua dona. Na ninhada em que ela nasceu, "ela foi a primeira a sair, e a primeira a fazer contato visual comigo – ela estava apenas um pouco mais à frente do que os outros". Essa precocidade se transporta para a sua programação de reprodução; ela fica regularmente no cio primeiro (está pronta para se acasalar) do que as outras cadelas, como se para provar que é a número um. Ela também é uma excelente mãe.

Julie e a família têm outros animais além de cachorros na sua propriedade rural australiana de 13 hectares. Os carneiros estão incluídos. Certo dia, uma das ovelhas deu à luz um minúsculo carneiro que parecia mais um cãozinho malhado do que um futuro exemplar adulto da sua espécie. A ovelha deu uma olhada na coisinha escorregadia caída no chão e correu para o outro lado do cercado, sem nenhum interesse em cumprir as suas obrigações maternas. (É quase certo que a aparência do carneirinho não teve nada a ver com o fato de ele ter sido abandonado; as ovelhas se concentram mais no cheiro e no som quando se trata de reconhecer as suas crias.)

Embora não estivesse exatamente empolgada por ter um carneiro órfão nas mãos, Julie não pôde deixar de rir da estranheza da situação. "Um carneiro que parece um cãozinho malhado nascido em uma casa cheia de dálmatas", comenta ela.

E a história fica melhor ainda. Como o carneiro estava órfão, "Zoe imediatamente foi até ele, atraída pelo cheiro do recém-nascido. E começou a lambê-lo, fazendo automaticamente o que a mãe dele faria". Nesse ínterim, o carneirinho que parecia um filhote de dálmata queria leite e começou a procurar pela mãe. "Normalmente, a mãe ovelha faz um som 'méééé' e o filhote retruca com um 'méééé', o que ajuda as mães a saber quem é o filhote de quem em um rebanho", explica Julie.

Mas a mãe desse carneiro não emitiu nenhum som; o seu *know-how* materno era zero. Assim sendo, o carneirinho transferiu o seu comportamento instintivo para Zoe. A forma e o tamanho do animal eram próximos o suficiente, de modo que Lambie procurou o lugar onde a teta estaria, dando marradas, querendo beber leite. Zoe, que não tinha leite na ocasião, se virou e esfregou o focinho no

carneirinho, relembra Julie. "Alimentei o animalzinho com uma mamadeira, e Zoe permaneceu ao meu lado, limpando-o. Muito maternal."

Embora Julie continuasse a alimentar o carneirinho (com a mamadeira), o vínculo entre os dois animais malhados estava formado. "Foi um amor instantâneo naquele dia", e se Zoe pudesse ter alimentado Lambie ela própria, certamente o teria feito. O carneirinho abandonado só se desenvolveu porque Zoe estava presente para substituir a ovelha mãe. "Lambie nunca ficou doente, sempre comeu bem, nunca demonstrou estar deprimido", afirma Julie. "Aquela ligação física e psicológica foi muito importante para a saúde dele. Se ele tivesse ficado sozinho, não seria tão robusto."

Com o tempo, Lambie se tornou mais independente, comendo relva ao sol e fazendo coisas de carneiro, e até mesmo a sua coloração mudou e ele agora está menos manchado do que antes. Mas quando Julie leva Zoe para passear, o carneiro vai com elés, às vezes dando pancadinhas com o focinho na parte das pernas de Julie ou de Zoe como faria para evitar se perder da mãe na relva alta. E em outras ocasiões, ele corre cheio de alegria como uma gazela, com as quatro patas fora do chão, o que Julie chama de "Olimpíadas de Carneiro". Zoe e alguns dos outros cachorros costumam brincar com Lambie quando o animal se encontra com esse humor exuberante, mas eles são delicados com o filhote especial.

Como Julie nos faz lembrar, foi puro instinto o fato de o carneirinho ter se voltado para Zoe quando a ovelha mãe foi embora. "Mera sobrevivência. O filhote precisa encontrar leite. Se ele tivesse avistado um porco", diz ela, "ele teria formado um vínculo com o porco." O carneiro precisa de duas coisas, comida e o rebanho, afirma Julie, e buscará essas coisas em qualquer animal que esteja presente. Não precisava ser Zoe.

Mas neste caso, o carneirinho malhado formou um vínculo com a grande e malhada fêmea de dálmata. E isso torna essa história de amor simplesmente encantadora.

O DÁLMATA

De acordo com o American Kennel Club, o cão que conhecemos como dálmata desempenhou muitos papéis ao longo da história, entre eles o de cão de guerra, cão de trabalho, pastor, caçador de ratos, seguidor de equipamento para extinguir o fogo, mascote de posto do corpo de bombeiros, cachorro treinado para caçar aves, cão que caça predadores e um exímio cão de caça que leva a presa para o caçador. O que é mais significativo, ele é o primeiro e único cão de carruagem – guardião da carruagem puxada a cavalos.

(Powys, Gales, 2009)

A leitoa e o rottweiler

Eis uma história que acaba com a reputação de que uma raça particular de cachorro possa ser, no íntimo, naturalmente má. Sasha, uma fêmea de rottweiler, é na realidade tão doce que, no final desta história, você talvez queira adotar um ou dois cães da raça dela.

A beneficiária da bondade de Sasha foi uma leitoa chamada *Apple Sauce* [Purê de Maçãs], o nome do pai era Apple. A pobrezinha da Apple Sauce era a menor da ninhada, o azarento número 13, e fora rejeitada pela mãe e oprimida pelos seus doze irmãos. Como mencionado em outras histórias, frequentemente é o caso no mundo animal que o menor da família não consiga sobreviver; recursos como o leite materno vão para os animais maiores e mais fortes, mais propensos a se desenvolver melhor. "A mãe pode decidir que não quer ter nada a ver com o pequenino", explica Heidi Rhiann, na ocasião uma criadora de porcos que morava em Llanfyllin, Powys, no País de Gales. "Ela o manda embora, não o alimenta e nem esfrega o focinho nele, reservando a sua atenção para os outros." Isso parece triste para nós, mas faz sentido para animais que estão apenas tentando passar adiante os seus genes da maneira mais eficiente possível.

Mas neste caso, a leitoazinha teve sorte.

Heidi e a família tinham uma pequena propriedade agrícola na região rural galesa, onde criavam uma variedade de animais, entre eles miniporcos, e cultivavam frutas e hortaliças. Quando ouviram falar no drama de Apple Sauce, decidiram tentar criar a leitoazinha – de uma raça chamada Piétrain – que quando ficasse adulta, não seria de jeito nenhum micro. E, por estarem bem informados a respeito do comportamento animal, tiveram uma inspiração de como poderiam criá-la com êxito.

Sasha, o rottweiler fêmea, tinha dado à luz uma ninhada de oito cãezinhos algumas semanas antes. Com os hormônios maternos em alerta total, ela ficou fascinada quando Heidi trouxe o animalzinho para casa. "Sasha ficou observando enquanto cuidávamos da porquinha; ela se aproximava dela o tempo todo, lambendo-a e amando-a enquanto a alimentávamos com uma mamadeira. E a porquinha se aconchegou em Sasha e esfregou o focinho nela imediatamente."

Sabendo que seria ainda melhor para Apple Sauce se ela bebesse o leite de uma mãe de verdade e sentisse o calor de outro animal peludo, Heidi enrolou o animalzinho em uma manta com cheiro de cachorrinho para misturar os odores das duas espécies e incluir a porquinha na família de Sasha. A experiência funcionou às mil maravilhas: Apple Sauce se aconchegou com os seus novos irmãos e começou a sugar uma das tetas, exatamente como se fosse qualquer outro cachorrinho faminto fazendo o que os filhotinhos famintos fazem. "Ela se tornou verdadeiramente parte da ninhada", diz Heidi. "Todo mundo a tratava como um cãozinho

– Sasha cuidava dela como cuidava dos outros, virando-a, limpando-a, lambendo os olhos dela – e Apple Sauce se encaixou perfeitamente no papel. Era encantador."

A família não ficou inteiramente surpresa, diz Heidi. "Sasha é uma cadela tão adorável! Ela não parece ter um único osso maldoso. Ela adora imensamente todo mundo, vira de barriga para cima ou salta quando nós nos sentamos; ela é um cão de colo que cresceu demais."

No entanto, nem todas as histórias podem ter um final perfeitamente feliz. Acontece que Apple Sauce, apesar da atenção de Sasha, simplesmente não estava destinada a viver. "Certo dia, ela estava brincando, saltando, correndo e agindo como um cãozinho", relembra Heidi, "e então, de repente, alguma coisa deu errado. Não sabemos exatamente o que foi – às vezes isso acontece com jovens animais de fazenda. Quando voltamos para casa, soubemos que ela tinha morrido." Heidi ressalta que uma mãe animal que despreza um filhote pode instintivamente saber que existe algo realmente errado com ele; este pode ter sido o motivo que levou a mãe de Apple Sauce a não cuidar dela. E isso indica que Heidi e Sasha não poderiam ter feito nada para salvar a porquinha do seu destino.

Ainda assim, Sasha ficou arrasada, comenta Heidi. "Ela amava e cuidava do filhote como se fosse um dos seus. Os cãezinhos sentiram a mesma coisa. Nós os víamos aconchegados em um único monte, porca misturada com cachorrinhos, sem nenhuma discriminação. E agora, um deles estava ausente." A família humana também ficou triste com a perda. "Estávamos esperando com prazer que ela crescesse.

O PORCO PIÉTRAIN

A raça Piétrain leva o nome da sua aldeia de origem, Piétrain, na Bélgica. Esses porcos expressam um gene que os torna especialmente suscetíveis ao estresse, de modo que os criadores têm trabalhado na genética (por meio da cruza com diferentes linhagens de porcos) para melhorar a saúde e o temperamento deles.

Os porcos Piétrain – do tipo de Apple Sauce – ficam realmente grandes, com um traseiro muito largo, bem diferentes dos microporcos que nós criávamos. Eles são os Arnold Schwarzeneggers dos porcos. Teria sido interessante ver como o relacionamento evoluiria."

Rememorando, "não tenho nenhuma dúvida", afirma Heidi, "de que Sasha amava Apple Sauce. Ela a tratava como um membro da família e lhe proporcionou algumas semanas a mais de vida. E quando pessoas vinham nos visitar, Sasha costumava desfilar, exibindo os seus filhotes. Acontece que um desses filhotes era um porco".

Segunda Parte

Comer, Brincar, Amar

> "O amor conforta como a luz do sol depois da chuva."
> – *William Shakespeare*

COMO É MARAVILHOSA A VIDA REPLETA DE BOA COMIDA, MUITA DIVERSÃO E UMA COMPANHIA agradável. Esta parte do livro celebra companheiros improváveis de brincadeiras que vão dando cambalhotas juntos pela vida, desfrutando as alegrias habituais dos melhores amigos. Nos jovens animais não humanos, a brincadeira ensina a hierarquia social e as habilidades necessárias à sobrevivência. Será então por isso que esses animais diferentes se voltam uns para os outros para lutar, correr uns atrás dos outros e rolar na relva? Talvez. Mas brincar também é pura e simplesmente diversão. E apenas ficar quietos juntos, às vezes em silêncio, também é. Assim como as crianças (e muitos adultos), outros mamíferos procuram diversão e companheirismo. Afinal de contas, passar tempo sozinho pode ser, bem, solitário.

Então aproveite estas histórias de amizades carinhosas simplesmente porque são divertidas.

(BRISTOL, INGLATERRA, 2009)

A girafa e o bode

Tenho um amigo de longa data que tem 1,92 metro de altura. Ele é forte e tem ossos pesados. Para falar com ele, preciso inclinar meu queixo para cima em um ângulo de 30 graus. Nos dias em que estou mais bem-disposto, não consigo chegar a 1,59 metro e, apesar dos exercícios de yoga que faço, as minhas pernas e braços magros parecem fracos como um palito de dentes. Ele e eu não crescemos juntos. Para mim, ele sempre foi imponente, e para ele estarei para sempre na altura no ombro. Quando vejo fotos de nós dois, não consigo deixar de sorrir. Nós não combinamos nem um pouco, e no entanto somos excelentes amigos.

Gerald e Eddie formam uma dupla igualmente incongruente, e parecem gostar um do outro da mesma forma. A cabeça de Gerald, a girafa macho, pode estar quase 5 metros acima do solo, mas ele, com as suas raízes na África, olha para baixo, para Eddie o bode, um sujeito inglês da região, com muito respeito.

Os dois animais moram no Noah's Ark Zoo em Bristol, na Inglaterra, onde se tornaram amigos para suavizar a solidão de Gerald enquanto ele esperava por uma companheira. Essa história de amor começa em 2006, quando Gerald chegou ao Ark. Inicialmente, a girafa macho se mostrou nervosa e hesitante. Depois Gerald conheceu Eddie.

Eddie é um bode gregário e dominador, nascido no Noah's Ark. Provando que os opostos efetivamente se atraem, o pequeno bode social e a girafa que parecia uma torre trêmula ficaram entusiasmados um com o outro. O simples

A GIRAFA

Aquele absurdo pescoço longo pode pesar quase 300 quilos, mas os machos os balançam e batem com ele uns nos outros durante as lutas rituais para tentar ser o macho dominante.

GIRAFA

REINO: Animalia
FILO: Chordata
CLASSE: Mammalia
ORDEM: Artiodactyla
FAMÍLIA: Giraffidae
GÊNERO: *Giraffa*
ESPÉCIE: *Giraffa camelopardalis*

fato de estar perto de Eddie pareceu deixar Gerald mais à vontade no seu novo ambiente. Era como se eles sempre se tivessem conhecido.

Como era de se esperar, "Eddie ficou no controle da dupla", comenta o zelador do zoológico Sammi Luxa. Eddie comandava, e Gerald seguia. Eles comiam lado a lado, e depois Gerald se inclinava até o nível dos olhos do bode para que pudessem esfregar o focinho um no outro. "Certa vez, Eddie até mesmo tentou saltar no pescoço de Gerald", diz Sammi. "Eles eram realmente como irmãos amorosos."

Apesar de muitas características indicando o contrário, "Acho que Gerald talvez pensasse que ele era um bode!"

Quando chegou a hora de Gerald conhecer uma dama girafa, Eddie agiu como um melhor amigo, o perfeito copiloto. Genevieve chegou e Gerald pareceu inseguro com relação a como se comportar com a sua própria espécie. "Ele era demais para ela", diz Sammi a respeito do macho repentinamente dominador. Mas o bode – como se fosse responsável por esse novo Gerald, mais confiante – interveio para ajudar. "Ele era como um orientador de relacionamentos, ajudando a reuni-los. Eddie era muito amistoso com Genevieve, e lentamente Gerald seguiu o exemplo do bode." Tão logo a girafa macho demonstrou interesse pela nova garota, a equipe transferiu Eddie para perto dos outros bodes, particularmente um chamado Hercules, que estava precisando de um amigo. Ele também fez amizade com um camelo recém-chegado – "Eddie é amigo de todo mundo", afirma Sammi.

O melhor de tudo foi que "Gerald, pela primeira vez, se interessou por outra girafa; foi como se ele finalmente tivesse crescido". Esse interesse se transformou em algo mais, e Gerald e Genny hoje têm um bebê chamado George, que mora com os pais na Casa das Girafas. Embora não estejam mais em contato, Eddie talvez se sinta feliz por saber que ele é parcialmente responsável pelo sucesso da família.

Nesse meio-tempo, poderia estar se formando uma nova adoração entre espécies? É possível. "O bebê George, a girafa, simplesmente ama o nosso bebê zebra Zag, nascido apenas poucos meses depois dele", diz Sammi. Aparentemente, tal pai, tal filho.

(New South Wales, Austrália, 2012)

O golfinho e o leão-marinho

Quando os golfinhos brincam, eles brincam com todo o seu ser. Você já os viu, seja em um zoológico, em um parque marinho ou, se teve muita sorte, na natureza? Eles saltam. Eles voam. Eles implicam uns com os outros. Eles passam coisas de um lado para o outro. Eles trinam, emitem estalidos e guincham. Se você realmente prestar atenção, poderá jurar que eles estão rindo.

Certa vez, tive a honra de brincar com um golfinho selvagem na costa da Irlanda. As pessoas do local falaram comigo a respeito do animal amistoso; ele frequentemente aparecia quando os barcos estavam ancorados em uma determinada área, curioso com relação aos seres humanos no elemento dele. O capitão do barco sabia exatamente aonde ir, de modo que vesti o meu equipamento de mergulho enquanto nos dirigíamos para o local. O mar estava frio e agitado, mas eu mergulhei mesmo assim, mergulhei até o fundo, e fiquei esperando. Esperançosa.

Alguns minutos depois, senti uma presença viva nas proximidades. E depois um belo golfinho passou zunindo por mim. Ele era tão rápido que fui pega desprevenida; em seguida, ele se virou e voltou pelo outro lado, quase roçando no meu ombro. Acho que ele gostou de me surpreender a cada investida.

Quando o golfinho voltou pela terceira vez, tinha uma longa tira de sargaço no bico, a qual ele deixou cair sobre os meus pés de pato. Eu apanhei o sargaço e nadei um pouco com ele; em seguida a "joguei" para longe. O golfinho o pegou novamente, deu uma volta, e o deixou cair mais uma vez. Acho que estávamos brincando de jogar e pegar no estilo dos golfinhos. Depois, em um momento inesquecível, descobri que se eu ficasse de cabeça para baixo e remexesse na areia com as mãos, ele copiava o meu gesto e cutucava a areia com o nariz, a cauda para cima. Foi realmente emocionante ser companheira de brincadeiras de um golfinho.

Tudo bem, eu sei que esta história não se chama "O Golfinho e a Autora", mas eu queria compartilhar a minha feliz recordação porque ela me veio à mente enquanto eu pesquisava uma dupla improvável no mar. Em um parque marinho na Austrália, há uma dupla de amigos – um leão-marinho e um golfinho – que brincam juntos como duas crianças. Eles nadam juntos e jogam brinquedos de um lado para o outro (o golfinho trina e o leão-marinho ruge em resposta). Há uma exuberância que se desenvolve na dupla que os diferencia do restante dos animais. Juntos, eles são alegres e ágeis, da maneira como me senti na companhia do golfinho na Irlanda.

O GOLFINHO NARIZ-DE-GARRAFA DO INDO-PACÍFICO

REINO: Animalia
FILO: Chordata
CLASSE: Mammalia
ORDEM: Cetacea
FAMÍLIA: Delphinidae
GÊNERO: *Tursiops*
ESPÉCIE: *Tursiops aduncus*

O golfinho, um nariz-de-garrafa, se chama Jet; o leão-marinho australiano, fêmea, Miri. Ambos nasceram no Coffs Harbour Pet Porpoise Pool em New South Wales, a maior

instalação de mamíferos marinhos da Austrália, que foi inaugurada em 1970 como um centro de resgate e reabilitação de animais. Hoje, o entretenimento interativo é uma grande parte da missão do parque, e Jet e Miri são protagonistas importantes do espetáculo. De acordo com Aaron Tolley e Paige Sinclair, membros da equipe do parque, durante o período de "tempo livre", quando os diversos animais marinhos do parque têm liberdade para brincar juntos nos laguinhos uns dos outros, eles notaram graciosas interações entre Jet e Miri. Os treinadores decidiram tirar proveito do relacionamento dos animais,

LEÃO-MARINHO AUSTRALIANO

REINO: Animalia
FILO: Chordata
CLASSE: Mammalia
ORDEM: Carnivora
FAMÍLIA: Otariidae
GÊNERO: Noephoca
ESPÉCIE: Neophoca cinerea

aprimorando-o por meio de um treinamento para que possam se apresentar juntos. "Na natureza, os leões-marinhos e os golfinhos competiriam por comida, e certamente não seriam amigos", afirma Paige. Mas eles se sentiam muito à vontade um com o outro.

"Eles se sentem felizes um ao lado do outro", diz Aaron. "Às vezes, se Jet demora demais para comer o seu peixe, Miri o agarra pela cauda e puxa parte da comida da boca dele. A maioria dos animais provavelmente não aturaria isso, mas Jet deixa que ela faça isso; ele divide o peixe com ela."

"Quando se trata de brincar, eles combinam muito bem", diz Paige. "Ambos são jovens e curiosos, ambos adoram brinquedos – embora os seus favoritos sejam diferentes. Miri gosta de morder cordas e Jet gosta de fazer travessuras com bolas de basquete e de futebol." Jet assobia e Miri, quando está disposta, tosse em resposta. Embora eles obviamente falem linguagens diferentes, não parecem se considerar diferentes. "Eles se sentem tão à vontade um com o outro como se fossem da mesma espécie", comenta Paige. "Não vemos esse tipo de descontração entre os outros animais."

Um confronto afetuoso entre Jet e Miri era claramente um dos jogos favoritos. Durante o treinamento para um show, o treinador deu a ordem para que os dois animais deslizassem de barriga juntos para o palco, parando na frente e no centro, lado a lado. "Ambos seguiram as instruções e vieram deslizando", relembra Aaron, "mas depois Miri nadou até Jet e começou a beijá-lo no nariz. Isso não foi programado, simplesmente aconteceu. Foi muito agradável e engraçado."

"Eles realmente parecem compartilhar uma confiança mútua, parecem que nenhum dos dois vai ferir o outro", diz Paige. "Existe um vínculo especial que não veríamos se eles não tivessem crescido aqui, com a liberdade de brincar e conhecer animais diferentes de si mesmos."

O GOLFINHO

Os golfinhos se curam de maneira extraordinariamente rápida e completa de mordidas de tubarões e de outros animais. Os cientistas esperam que possamos aprender alguma coisa com o poderoso sistema imunológico desses animais.

(DEVON, INGLATERRA, 2012)

A bezerrinha e os cachorros da fazenda

CLEMENTINE FOI PREMATURA. ELA NASCEU DEZ DIAS ANTES DA DATA PREVISTA E PESAVA A metade do que precisava pesar quando deixou o calor do útero da mãe para enfrentar a terra invernal na Locksbeam Farm em Devon, na Inglaterra.

Mas essa bezerrinha teve sorte. Embora a sua mãe não estivesse bem de saúde e não tivesse leite para dar, a sua dona humana, Tracey Martin, não estava pronta para deixá-la morrer. O inverno estava muito rigoroso, de modo que Clementine, como Tracey a chamava, foi morar dentro de casa.

"Ela passou a morar na cozinha da casa da fazenda, que tem um fogão de ferro fundido que irradia um agradável calor permanente", diz Tracey. "Era o que Clementine precisava. Ela parecia não ter músculos; era um saco de ossos. Sabíamos que ela estava insuficientemente desenvolvida e iria precisar de cuidados intensivos para que conseguíssemos salvá-la."

VACA

REINO: Animalia
FILO: Chordata
CLASSE: Mammalia
ORDEM: Artiodactyla
FAMÍLIA: Bovidae
GÊNERO: *Bos*
ESPÉCIE: *Bos primigenius*

Esses cuidados incluíam não apenas o fogão quente, mas também a maior cama de cachorro que Tracey conseguiu – uma cama onde cabiam com facilidade o seu collie e o seu cachorro que era cruza de golden retriever com poodle. Quando Clementine veio morar na cozinha, a cama de cachorro se tornou um local de cochilo entre espécies. Tracey colocou toalhas em volta da bezerrinha, que media apenas 60 centímetros até a altura da espádua, e como havia bastante lugar sobrando, os cachorros tentaram se juntar a ela. Ficou um pouco apertado para os três, mas em qualquer ocasião pelo menos um cachorro estava aninhado ao lado do filhote. "Quando Bess, a collie, estava lá, ela lambia a bezerrinha – era muito divertido observar. Ou se Bess estava na cama e Clementine ia para lá depois, ela tinha muito cuidado com o lugar onde colocava a pata – ela era muito atenciosa, não queria pisar na cadela."

Clementine também se divertia ao ar livre. "No início, ela dormia a maior parte do tempo, como uma criança. Ela era simplesmente minúscula, como um bebê prematuro. Mas depois começou a sair com os cachorros. Ela pulava e saltava de um lado para o outro na relva, e os cachorros a seguiam, contagiados pela disposição de ânimo dela." Instintivamente, a collie tentava arrebanhar a bezerra, saltando ao lado dela, como se fosse função dela mantê-la na linha. E certa tarde, diz Tracey, os cachorros foram brincar com os quatro filhos da dona, que estavam visitando os avós do outro lado da estrada. "Clementine estava do lado de fora, e acho que ela ouviu o barulho deles do outro lado da estrada, e não ficou nada feliz por ter sido deixada para trás. Ela se espremeu através de um buraco em uma sebe e atravessou a estrada para se juntar aos cães. Ela estava muito determinada a fazer parte do bando."

Foi essa determinação, sem dúvida, aliada ao companheirismo com outros animais, que ajudou Clementine a superar aquelas primeiras semana em que ela

não estava suficientemente desenvolvida. "Ela realmente tinha a vontade necessária para sobreviver", diz Tracey.

A bezerra se tornou uma espécie de celebridade local, devido ao seu tamanho e persistência, e à sua parceria com os cachorros. "Não penso em Clementine em função de bezerros, cachorros e pessoas. Éramos apenas seres sociais como ela, os únicos que ela conhecia." Ela e os cachorros entravam e saíam juntos o tempo todo, se deitavam juntos, corriam atrás uns dos outros e esfregavam os focinhos. Curiosamente, quando Clementine com o tempo foi apresentada a outros bezerros, "eles a deixaram confusa", relembra Tracey. "Ela não sabia realmente o que pensar a respeito deles, do cheiro e dos sons que eles emitiam. Ela se sentia muito mais à vontade com os cachorros do que os membros da sua própria espécie."

Hoje, com um ano de idade, Clementine vive em outra parte da fazenda de Tracey, independente da sua família canina. Mas mesmo sem o incentivo dos cachorros, a sua determinação de vicejar permanece, afirma Tracey, e ela continua a crescer. A querida Clementine não é mais uma miniatura.

(Grossglockner, Áustria, 2008)

O menino e as marmotas

Lembro-me bem do meu primeiro encontro especial com um animal selvagem. Era apenas um esquilo no meu bairro, nada exótico ou perigoso, mas mesmo assim a interação causou um grande efeito sobre mim. Eu tinha provavelmente 7 anos na época, e passava muito tempo fazendo explorações ao ar livre, tentando me aproximar de pássaros e esquilos sem assustá-los, cutucando insetos e lagartas, desenterrando minhocas com um pauzinho. As coisas vivas simplesmente me fascinavam.

Assim sendo, certa tarde, quando um esquilo marrom atarracado começou a olhar para mim do seu ponto de apoio, na metade do tronco de uma árvore, retribuí o olhar. Estalei a língua, me aproximei um pouco mais, e estalei a língua de novo. Na maioria das vezes, esse som chama a atenção dos esquilos, mas se você se aproximar demais, eles fogem. Mas esse ficou quieto no lugar, parecendo intrigado. Em seguida, ele desceu da árvore. Continuei a fazer os meus ruídos de

MARMOTA ALPINA
REINO: Animalia
FILO: Chordata
CLASSE: Mammalia
ORDEM: Rodentia
FAMÍLIA: Sciuridae
GÊNERO: *Marmota*
ESPÉCIE: *Marmota marmota*

esquilo e, quando me dei conta, o esquilo estava vindo na minha direção através da relva. Fiquei parada. Ele se aproximou cautelosamente, parando e continuando, chegando cada vez mais perto, e de repente ele estava do meu lado. Ficou sentado *no meu pé* e levantou os olhos para mim! O esquilo gostou de mim! Ele queria ficar perto de mim! Estava sobre o meu pé! Consegui me agachar um pouco, lentamente, e tocar na cabecinha macia dele. Ele deixou que eu fizesse isso. Por fim, foi embora correndo.

Eu o(a) chamei de Scurry e, durante algumas semanas depois desse episódio, quando eu saía ao ar livre e estalava a língua, esse mesmo animal se aproximava para me cumprimentar. Eu não tentei efetivamente pegá-lo no colo – como acontece com todas as crianças, eu tinha ouvido repetidamente que os animais selvagens podem morder e ser portadores de doenças. Mas o simples fato de tê-lo espontaneamente perto de mim era emocionante. Com o tempo, ele parou de aparecer. Mas eu me senti especial pelo fato de ele me ter escolhido como a sua amiga humana, pelo menos durante algum tempo.

Esse é o sentimento que um menino chamado Matteo tem por um grupo de animais com quem ele fez amizade na Áustria. Ele os conheceu em um parque chamado Kaiser-Franz-Josefs-Höhe em Grossglockner, o pico mais elevado do país. É um território conhecido pelas marmotas, grandes esquilos terrestres amantes da montanha (um pouco mais exóticos do que Scurry era), e a população deles nesse local se acostumou bastante com as pessoas. No entanto, ninguém veio a conhecê-los e amá-los como Matteo Walch.

A mãe de Matteo, Michaela, gosta de fotografar a fauna selvagem e queria visitar o parque, situado a mais de 160 quilômetros da casa deles em Innsbruck, para tirar fotos interessantes das marmotas. O seu filho, que na ocasião contava apenas 3 anos de idade, quis acompanhá-la.

"Quando chegamos, não vimos muitas delas por perto", recorda Michaela. "Mas nós então jogamos algumas cenouras no chão, e isso foi o suficiente. As marmotas apareceram por toda a parte! Logo Matteo estava correndo com elas de um lado para o outro, e elas estavam vindo direto para cima dele. Uma delas efetivamente se chocou com ele, derrubando-o. Ele estava simplesmente adorando tudo aquilo."

"No início, fiquei meio inseguro", me disse Matteo, hoje com 9 anos, a respeito daquele primeiro encontro, "porque as garras delas eram afiadas e arranhavam a minha perna. Mas então eu as toquei, e o pelo delas era tão macio! E elas eram tão engraçadinhas e afáveis."

Na maior parte do tempo, as crianças que visitam o parque gostam de ficar olhando para as marmotas durante algum tempo, mas depois ficam entediadas e querem fazer outra coisa. Mas não Matteo. "Depois que as marmotas ficaram amistosas, ele não queria ir para casa", diz Michaela. "Passamos o dia inteiro com elas, até escurecer. Estava terrivelmente frio, mas ele não queria deixá-las. E no dia seguinte ele disse: 'Vamos ver as marmotas de novo, por favor!'. Então, voltamos ao local e passamos outro dia inteiro entre os animais. Ele realmente adorava brincar com elas. Eles desenvolveram uma amizade especial."

Desse modo, visitar as marmotas se tornou uma atividade anual para Matteo e Michaela, e cada vez que eles chegam, os animais se comportam com o menino como se ele fosse um velho amigo. "Logo que eu me sento, elas avançam na minha direção", diz ele, "querendo ver o que tenho na lancheira. Mas acho que não é só da comida que elas gostam. Acho que me reconhecem. Ficam felizes ao me ver; saltam com as patas da frente no ar."

Matteo deu nome a alguns dos animais – Felix (o menor, mais meigo de todos) é o seu favorito. "Às vezes", diz ele, "ele me pede para roçar o meu nariz no dele. Ele se aproxima e acena duas vezes com a cabeça, de modo que eu me abaixo e juntamos os nossos narizes." Em outras ocasiões, "elas ficam enlouquecidas, subindo em mim de todas as maneiras. Todos os dias acontece alguma coisa diferente".

Nos períodos em que ficam no parque, ele diz que acorda agitado. "Oba, vou ver as marmotas hoje!" Ele tem certeza de que elas estão sempre esperando por ele e se perguntando: "Aonde você foi? Por que demorou tanto a voltar?". "Quando estou no prado com elas, não penso a respeito de nada, nem mesmo em brincar com Legos." E quando chega a hora de ir embora, Matteo diz que alguns dos animais o seguem durante algum tempo, como se não quisessem que ele partisse. "Fico triste quando tenho que voltar para casa, especialmente no final das férias, quando sei que não irei vê-los durante um ano inteiro."

A amizade recíproca com as marmotas ensinou a Matteo muitas coisas sobre os animais – como tratá-los, e como mostrar o seu amor por eles. "Estou feliz", declara Michaela. "Estou feliz que ele esteja aprendendo a respeito da fauna selvagem e conhecendo a beleza da natureza. Isso é muito importante."

MARMOTA

Esses membros da família do esquilo são predominantemente vegetarianos, mas às vezes comem ovos de pássaros ou até mesmo os filhotes uns dos outros.

(Montana, Estados Unidos, 2011)

O cervo e os amigos do bosque

INDEPENDENTEMENTE DO SEU PAÍS DE ORIGEM, A HISTÓRIA DE BAMBI PARECE FAZER PARTE DE todos nós. Você não consegue imaginar aquela cena doce e tranquila do cervo sorridente cercado por todos os tipos de animais do bosque? Talvez você se lembre dos esquilos, racuns, jaritatacas, os coelhos sobre um cepo, a sábia coruja empoleirada na árvore. Ou quem sabe da família dos gambás pendurados pela cauda em uma fileira, minúsculos passarinhos com o bico cheio de flores e borboletas adejando aqui e ali – os salpicos em um bolo que já é doce. A cena realmente parece ser urdida com açúcar.

É claro que não podemos nos esquecer de que a história começou assumindo uma feição trágica, com a mãe de Bambi morrendo com os tiros de caçadores. Mas o cervo órfão descobre que pode contar com os seus amigos do bosque. Temos então, como poderíamos presumir, um final feliz.

**VEADO-DE-CAUDA-
-BRANCA**

REINO: Animalia
FILO: Chordata
CLASSE: Mammalia
ORDEM: Artiodactyla
FAMÍLIA: Cervidae
GÊNERO: *Odocoileus*
ESPÉCIE: *Odocoileus virginianus*

Essa história, inclusive a parte da amizade de Bambi com Thumper (e talvez até mesmo do romance de Bambi com Faline), foi reproduzida na fazenda onde Svetlana mora com a família em uma pequena cidade de Montana. Lá, um cervo órfão de mãe se viu abraçado por animais desconhecidos enquanto se recuperava do trauma da sua perda e, mais tarde, retornou à vida selvagem.

Svetlana sempre adorou os animais e, durante a sua infância em uma aldeia na Ucrânia, ela ansiava por ter uma quantidade maior deles por perto. "Sempre sonhei em viver no campo", diz ela, e por sorte, quando ela foi para os Estados Unidos, se apaixonou por um homem que pôde realizar o seu sonho. Ele compartilhou com ela os seus 7,3 hectares de terra na região rural de Montana, que continha um sem-número de animais selvagens, como o alce, o urso, o alce americano e o veado; todos bem ali, na propriedade da família. "Isso tornou a minha vida muito feliz", afirma ela. "Embora os veados comessem todas as minhas plantas, a minha vida era mais completa com eles por perto."

O que aconteceu depois parece predestinado. Em uma noite de verão, bem tarde, quando dirigia em meio a uma tempestade, com pouca visibilidade, Svetlana, de repente, topou com algo no meio da estrada – um animal pequeno e molhado, paralisado pelo clarão dos faróis do carro. Ela pisou fundo no freio.

"Ele não se mexeu; ficou parado olhando para mim", comenta Svetlana a respeito do minúsculo cervo. Ela saiu do carro para ajudar, e notou que havia um pouco de sangue no chão. "A mãe tinha sido atingida e estava morta; ela estava caída na vala ao lado da estrada. Enrolei o filhote no meu casaco – ele estava completamente encharcado. Ele não emitiu nenhum som; apenas deixou que eu o

pegasse e o colocasse no carro." Avistei um caminhão vindo na nossa direção, diz ela. "Se eu o tivesse deixado lá, ele teria morrido como a mãe."

    Svetlana levou o cervo para casa e o aqueceu, e a família o chamou de Bambi. Naquela ocasião, eles tinham dois pastores alemães, e um deles, uma fêmea já mais velha, gostou imediatamente do animalzinho, seguindo-o por toda a parte e lambendo-o. "Inicialmente, ele estava em choque, e se recusava a comer", comenta Svetlana, mas com a ajuda da cadela maternal, logo o cervo estava engolindo ruidosamente a sua comida.

    Mais ou menos uma semana depois, quando o mau tempo passou, Svetlana pôs Bambi do lado de fora para

**COELHO-
-EUROPEU**

REINO: Animalia
FILO: Chordata
CLASSE: Mammalia
ORDEM: Lagomorpha
FAMÍLIA: Leporidae
GÊNERO: *Oryctolagus*
ESPÉCIE: *Oryctolagus cuniculus*

que ele ficasse com todos os outros animais, e foi quando as amizades se formaram de uma maneira bem semelhante à da história infantil. "Os coelhos empurravam o focinho nele, e ele fazia o mesmo", diz ela. "Eles se aconchegavam, e ele os seguia enquanto eles pulavam de um lado para o outro – puxando a cauda deles. Os coelhos mascavam dentes-de-leão, e ele cheirava a planta e tentava comê-la também. Os coelhos então roubavam as flores da boca do cervo!" Coelhos e veado pareciam felizes em passar o tempo juntos no celeiro, conhecendo uns aos outros, diz Svetlana.

Bambi também gostava dos outros animais de estimação de Svetlana. O gato asseava o veado; os cachorros brincavam de pegar, perseguindo, tocando e fugindo, e Bambi depois fazia a mesma coisa. "Todo mundo adorava brincar com o filhote de veado. Os meus filhos também!"

Svetlana queria ter certeza de que o veado seria capaz de voltar para a vida selvagem se assim desejasse, de modo que depois de algumas semanas ela e os filhos passaram a ter menos contato com ele. "Observávamos para nos certificar de que ele estava em segurança, mas não tocávamos nele. Ele encontrou as suas próprias brincadeiras: lançava pedaços de casca de árvore de um lado para o outro e os pisoteava, até mesmo jogando latas de alumínio para o alto e saltando para tentar pegá-las."

Logo outros veados selvagens começaram a aparecer, e Svetlana ficou satisfeita ao notar que a curiosidade de Bambi fora despertada. Ele começou lentamente a se socializar com eles, passando mais tempo com a sua própria espécie e menos com os animais de Svetlana. (Ela foi mantendo os seus animais cada vez mais afastados, para deixar que a transição acontecesse.) Bambi ia para a floresta com os outros veados, voltando de vez em quando para ver a sua "família", mas com o tempo as suas visitas se tornaram raras e, depois, pararam completamente.

"Choramos quando ele parou de vir, mas era lindo vê-lo se relacionar com outros veados", afirma Svetlana. "Foi para isso que torcemos o tempo todo."

A experiência faz Svetlana recordar uma época da sua infância na Ucrânia em que o seu avô cuidou de um corvo até o pássaro recuperar a saúde. "Ele construiu uma gaiola para ele, o alimentou e tomou conta dele", recorda ela. "E quando o pássaro ficou pronto para partir, nós o deixamos ir embora. Assim como ver Bambi voltar para o bosque, foi agradável vê-lo ir embora, voando em liberdade."

(ARKANSAS, ESTADOS UNIDOS, 2012 E 1998)

Histórias do Rocky Ridge Refuge

AMOR E BONDADE SÃO O MODO DE VIDA NO ROCKY RIDGE REFUGE EM ARKANSAS, ONDE mais de sessenta animais de cada vez encontram refúgio do mundo violento que existe do lado de fora. Janice Wolf é a zeladora. E, com total envolvimento, ela passa os dias imersa em um mundo peludo, úmido e fedorento – alimentando, limpando, acariciando e amando cada um dos animais que estão sob os seus cuidados.

Mas ela não é a única a distribuir amor para os que estão à sua volta.

Ele teve uma zebra que atuou como protetora dos seus carneiros. Um ganso que abandonou o mundo dos gansos pelo amor de um canino e uma corça grávida que fez a mesma coisa – efetivamente procurando o seu amigo cachorro quando chegou a hora de parir. Havia um cachorro cego que não precisava enxergar para cuidar de cada animalzinho que cruzasse o seu caminho. Um coelho que passou os dias na cama com um cachorrinho machucado que não podia ir brincar com os outros. E assim por diante.

Eu poderia claramente escrever um livro inteiro a respeito dos relacionamentos em Rocky Ridge, mas escolhi destacar três. Um deles é o caso de uma pequena "garota" persistente que se recusa a deixar o(s) seu(s) amado(s). O segundo é uma história de afeição mútua que inclui um pouco de namoro à beira de um laguinho. O terceiro é uma história de amor paterno de um animal completamente inesperado. As três histórias são baseadas em compromissos que muitas pessoas casadas não podem afirmar ter.

A tartaruga e os cachorrinhos

VAMOS COMEÇAR COM CROUTON PORQUE, POR QUE NÃO? AFINAL DE CONTAS, CROUTON É uma tartaruga-de-esporas-africana, e o que é melhor do que um réptil carinhoso ter o nome de cubinhos de pão servidos na salada? Quando veio para Rocky Ridge, "ela era tímida e lenta; fora desprezada e não era muito sociável", relembra Janice. Os répteis precisam de muito calor (geralmente apenas do tipo físico), de modo que ela recebeu o seu cobertor elétrico, e passava muito tempo debaixo ou em cima dele. Mas depois chegaram os cachorrinhos dinamarqueses. Dez deles.

Eles nasceram de uma cadela de resgate que Janice pegara para cuidar. A mãe deu à luz no quarto, e Janice levou todos os filhotes que se contorciam para o banheiro, onde ficariam em segurança e fora do caminho. Foi quando Crouton reparou neles. "Ela começou a abandonar o seu cobertor para se juntar à pilha de cãezinhos", diz Janice. E não apenas se juntar ficando no banheiro com eles, e sim rastejar para o meio deles, literalmente enterrando-se em cachorrinhos. "Ela deliberadamente se colocava no meio deles, mesmo quando eles ficavam agitados. Ela poderia ir para qualquer lugar que quisesse, e tinha o seu próprio lugar quentinho, mas optou por ficar com os cachorros quanto fosse possível. Ela caminhava diretamente para eles todos os dias enquanto eles lutavam e derrubavam uns aos outros. Ela realmente amava aqueles animais."

Na hora de comer, Crouton continuava sendo parte do bando, comenta Janice. "Eu chamava *'cachorrinhos, venham!'*, e eles vinham correndo. E lá estava a tartaruga entre eles, correndo mais rápido do que alguns dos cachorros, tentando enfiar a cabeça na panela de mingau junto com os outros! Eu simplesmente morria de rir."

TARTARUGA-DE-ESPORAS-AFRICANA

REINO: Animalia
FILO: Chordata
CLASSE: Reptilia
ORDEM: Testudines
FAMÍLIA: Testudinidae
GÊNERO: *Geochelone*
ESPÉCIE: *Geochelone sulcata*

Crouton se apegou especialmente a um dinamarquês particular, e embora Janice tivesse planejado entregar todos os animais para adoção, ela decidiu ficar com o "cãozinho de Crouton", que se chamava Guppy. "Eu não queria interromper a história de amor de Crouton", afirma Janice. "Eles se deitavam juntos, efetivamente aconchegados. O cão até mesmo usava Crouton como travesseiro." (Não parece uma escolha muito confortável, mas quem pode argumentar com o amor?)

E embora hoje em dia Crouton passe muito tempo em um local ensolarado no jardim, com Guppy em outra parte da propriedade fazendo coisas de cachorro, sempre que a tartaruga fica longe do seu amor por muito tempo, "ela se arrasta na direção dele. Ela é cheia de personalidade e afeto pelo seu cachorrinho". E isso é dizer muita coisa para uma tartaruga.

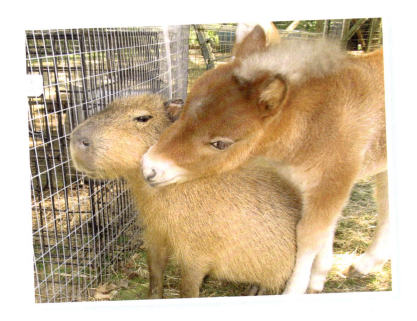

A égua miniatura e a capivara

AGORA, UM RÁPIDO ACENO PARA UMA DUPLA CUJOS MEMBROS REALMENTE GOSTAVAM UM DO outro. Não houve um longo namoro que conduziu à sua afetuosa união, mas Janice diz que, mesmo assim, essa união era especial. Como poderia não ser quando os personagens são o maior roedor (chamado capivara) e o menor cavalo (verdadeiramente miniatura) do mundo?

Janice havia socorrido duas éguas miniatura grávidas e uma delas pariu dentro do cercado de Cheesecake, uma capivara. (As capivaras, para quem não conhece esses roedores enormes, são um animal sul-americano que se sente à

CAPIVARA

REINO: Animalia
FILO: Chordata
CLASSE: Mammalia
ORDEM: Rodentia
FAMÍLIA: Caviidae
GÊNERO: *Hydrochoerus*
ESPÉCIE: *Hydrochoerus hydrochaeris*

vontade tanto em terra quanto na água.) Inicialmente, uma das cadelas de Janice, Butterbean, "simplesmente não deixava Tofu, o potro, em paz. Ficava o tempo todo com ele". Mas depois de alguns dias, ela perdeu o interesse, e Cheesecake viu uma abertura para o seu afeto. "Elas corriam junto ao redor do cercado, e comiam e dormiam juntos. Eles realmente se divertiam", afirma Janice. E depois vieram as tardes à beira d'água.

"Cheesecake adorava nadar, e parecia que ela gostava mais ainda quando Tofu estava com ela", declara Janice. A capivara tinha um pequeno tanque, e ela chapinhava de um lado para o outro enquanto Tofu ficava por perto, com a cabeça abaixada, observando-a. "Ele realmente parecia ter vontade de entrar na água também, mas era grande demais", comenta Janice. Então, Cheesecake nadava até onde estava Tofu, esfregava rapidamente o focinho nela e lhe dava um beijo. "Eles eram amicíssimos. Depois disso, coloquei Tofu junto de uma zebra que precisava de companhia, e outro potro mora com Cheesecake. Mas eu sei que ela e Tofu sempre terão um forte apego um pelo outro."

O CAVALO MINIATURA

Como o nome sugere, eles são simplesmente cavalos pequenos, cruzados seletivamente ao longo dos anos para que ficassem com o menor tamanho possível. Dizem que o menor já registrado tinha 36 centímetros de altura e pesava 6,35 quilos, porém mais comumente os animais pesam entre 23 e 46 quilos, e têm cerca de 90 centímetros de altura.

O touro e o cavalo

Finalmente, entra em cena Lurch, o touro Ankole-Watusi. Em primeiro lugar, poderia haver nome melhor para um touro?[1] Esse imponente animal com um nome perfeitamente apropriado era, em certo sentido, o pai de todos à sua volta. "O líder benevolente", diz Janice. "Ele tinha carinho por todos os animais, e eles o seguiam por toda a parte. As vacas miniatura corriam atrás dele. Uma galinha costumava se sentar nos seus chifres. Um ganso se apaixonou por ele e comia, dormia e nadava com ele. Todos adoravam Lurch."

---
[1] Um dos significados da palavra *lurch* em inglês é "investida, movimento repentino para a frente". (N. dos T.)

TOURO ANKOLE-WATUSI

REINO: Animalia
FILO: Chordata
CLASSE: Mammalia
ORDEM: Artiodactyla
FAMÍLIA: Bovidae
GÊNERO: Bos
ESPÉCIE: *Bos taurus*

E Lurch retribuía todo esse amor. Mas talvez ele amasse um determinado cavalo um pouquinho mais do que amava os outros animais.

Lurch era de uma impressionante e antiga raça de gado, mas essa não era a explicação completa do seu carisma. Mesmo quando ele era apenas um bezerrinho, havia *alguma coisa* especial a respeito dele.

Realmente especial. Os chifres de Lurch, que continuaram a crescer mesmo quando o seu corpo se acomodou, com o tempo lhe conquistou um lugar no *Guinness Book of Records*[2] devido à sua incrível circunferência de 95,25 centímetros (posteriormente eles acabaram atingindo 96,52 centímetros ou mais). O comprimento dos chifres também não era para ser menosprezado: eles tinham pelo menos 2,44 metros de ponta a ponta!

Mas antes de os seus chifres o deixarem famoso, Lurch ficou muito conhecido pelo seu temperamento doce para com os outros animais, e para com um em particular. "Certa vez", recorda Janice, "socorri um cavalo aleijado, ainda bem jovem. Assim que consegui que ele andasse um pouco e fosse viver no campo maior com o resto da sua espécie, os outros cavalos impediam que ele se aproximasse do comedouro e o deixavam para trás quando iam brincar."

Lurch observou a alma solitária sendo intimidada e pareceu ficar angustiado. "A partir de então, ele se designou guarda-costas de Chance", diz Janice. "Ele ficava perto do cavalo e dormia com ele, e quando os outros cavalos afastavam Chance da comida, Lurch compartilhava com ele a sua panela de comida, algo que ele nunca fazia com ninguém. Eles tinham um elo muito forte."

---

[2] A partir de 2000, passou a se chamar *Guinness World Records*. (N. dos T.)

Ela diz que Lurch parecia ser particularmente cuidadoso ao redor de Chance, como se entendesse que o cavalo era vulnerável. "Quando uma mosca pousava em Lurch ou ele sentia uma coceira, o touro podia realmente girar com força a cabeça para coçar o local, e aqueles chifres eram perigosos! Mas perto de Chance, ele nunca fazia isso." Além disso, "ele deixava Chance usar um dos seus chifres para coçar lugares que ele não conseguia alcançar, ficando até mesmo perfeitamente imóvel para que Chance pudesse esfregar a pálpebra na ponta do chifre!". Aparentemente, o touro compreendia que o seu acessório de cabeça tinha o poder tanto de ferir quanto de ajudar.

O cavalo confiava nele cegamente, afirma Janice, e o restante dos animais também.

Lamentavelmente, Lurch faleceu em 2010. Ironicamente, talvez, foi um câncer em um dos seus poderosos chifres que o matou – quando fez com que vasos sanguíneos se rompessem.

Janice diz que não consegue pensar em Lurch sem se lembrar da extraordinária confiança e bondade que ele trazia à luz nas criaturas com quem compartilhava o mundo. "Acho que esse é o tipo de amor que todos estamos procurando."

(Tarragona, Espanha, 2011)

A coruja e o gato

Certo dia chuvoso, eu estava navegando na internet em busca de coisas bonitinhas e engraçadas, e topei com um vídeo que me deixou impressionada. Os personagens: um esguio gato preto e uma extraordinária coruja-de-igreja, cuja cara era branca como a neve. O momento captado no filme: o incrível salto do gato a partir do chão, diretamente para cima, para se encontrar com a coruja no ar. Bem, os felinos são naturalmente grandes saltadores, mas esse gato claramente tinha molas nas patas, que lhe permitiam alcançar novas alturas, para fazer um *high-five* com um pássaro que estava dando um mergulho de uma elevada altura.

    O dono desses acrobatas é Jordi Amenos, de Tarragona, uma cidade situada perto do Mar Mediterrâneo no sul da Catalunha, na costa nordeste da Espanha. Eis o que ele me contou.

Fum era o único gato preto na ninhada; os seus três irmãos (e também a sua mãe) eram brancos como a neve. Adotado por Jordi, o gato logo passou a ter uma boa vida ao ar livre no magnífico cenário da região. Fum, o seu "nome artístico", significa "fumaça" em catalão. E este nome é apropriado; como a fumaça, o gato de vez em quando desaparece!

Temos então Gebra, uma coruja-de-igreja. Em catalão, o nome do pássaro significa "geada", um encantador contraste com Fum. A coruja era jovem e chegou sem penas (como é o caso das corujinhas), de modo que, durante algum tempo, ela permaneceu do lado de dentro com Jordi, que a alimentava com a mão. À medida que as penas de Gebra foram crescendo e ela passou a usar as asas, os dois animais começaram a reparar um no outro. Quando Jordi, que pratica a falcoaria, começou a treinar Gebra ao ar livre, o pássaro ficava preso com uma corrente e ele mantinha os dois bichos separados para evitar que eles se emaranhassem. Mas tão logo Gebra ficou pronta para voar livremente, gato e coruja tiveram permissão para se encontrar da maneira que quisessem.

"Aquele primeiro pulo que Fum deu – saltando em direção ao pássaro que voava – causou um enorme impacto em mim porque eu achei que era o fim de Gebra", relembra Jordi. "Eu não sabia quais eram as intenções de Fum." Jordi se lembra de ter gritado: *"Mare de Déu! Aqui prendrem mal?"*, que em catalão significa: "Oh, meu Deus, alguém vai se machucar?".

Por sorte, ninguém se machucou. E para a sorte de todos nós que adoramos essa história, Jordi logo compreendeu que não poderia impedir que os animais se comportassem daquela maneira bizarra, de modo que era melhor simplesmente deixar que eles desenvolvessem a sua brincadeira, logo deixaram de ser meras acrobacias e passaram a ser algo mais profundo, diz ele.

Independentemente do abismo existente entre coruja e gato, as suas acrobacias, que logo se tornaram parte da rotina normal dos animais ao ar livre, são um verdadeiro espetáculo! Quando Gebra mergulha de uma árvore e voa como um jato com grandes asas paralelas à terra, Fum salta no céu com as patas dianteiras sobre a cabeça, como se para esmagar uma mariposa, e o seu *timing* é perfeito para que ele alcance o ponto mais baixo do poderoso mergulho do pássaro. A cena é tão arrebatadora quanto observar qualquer trapezista voando pelo ar para alcançar a barra oscilante.

Fum e Gebra encontram outras maneiras de se entreter quando se cansam das brincadeiras voadoras. O ambiente natural da fazenda em Tarragona é como um parque de diversões para um felino e um pássaro. Os quase 800 hectares são uma mistura de relva alta, alfarrobeiras e oliveiras, uma grande figueira com muitos poleiros tanto para a coruja quanto para o gato, muros de pedra e seixos, caminhos de terra e céu aberto. Os vídeos de Jordi mostram a dupla correndo e saltando um sobre o outro no solo e em cima das árvores, o gato dando patadas, o pássaro beliscando, ambos sempre retornando para mais travessuras.

"O relacionamento deles era completamente espontâneo e se desenvolveu sozinho", afirma Jordi. "Olhar para eles mexe com alguma coisa no coração das pessoas." Ele diz que se sente muito afortunado por ser a principal testemunha dessa conexão singular.

"No entanto, o mais importante, é a lição deles sobre como criar um mundo melhor, mais benigno", declara Jordi. "Aqui estão animais, diferentes em muitos aspectos, e não existe nenhum preconceito ou ódio. Nossa esperança é que a mensagem deles possa perdurar."

(Cornwall, Inglaterra, 2010)

A raposa e o cão de caça

A VERDADE ÀS VEZES REFLETE A FICÇÃO, E NESTE CASO A REALIDADE SE APROXIMA IMENSAMENTE do desenho animado. A versão da Disney de *O Cão e a Raposa* foi muito meiga: embora o instinto e a pressão social para que se tornem adversários separem amigos de infância, o elo amoroso entre eles nunca é realmente rompido. Agora, vou lhe apresentar Copper e Jack, o conto de fadas vivo e autêntico.

Copper é uma raposa macho que, assim como muitos dos animais nestas histórias, teve um começo de vida difícil. Ele era órfão; ficou sozinho em um campo relvado durante pelo menos alguns dias depois que nasceu. E depois, de alguma maneira ele conseguiu cair em um buraco rochoso no quintal de uma residência rural. Por sorte, um emaranhado de heras o segurou enquanto ele caía, evitando o que poderia ter sido uma aterrissagem fatal. A sorte brilhou novamente sobre ele quando os seus guinchos altos chegaram aos ouvidos dos donos da casa. Sem

RAPOSA-VERMELHA

REINO: Animalia
FILO: Chordata
CLASSE: Mammalia
ORDEM: Carnivora
FAMÍLIA: Canidae
GÊNERO: *Vulpes*
ESPÉCIE: *Vulpes vulpes*

saber como lidar com o filhotinho, eles chamaram um especialista em animais, Gary Zammit, para resgatá-lo.

Gary administra o Feadon Wildlife Center em Cornwall, na Inglaterra, uma área de 52 hectares que é uma mistura de pastos, bosques e lagoas. Os visitantes vão até lá para se aproximar de animais na natureza como cervos, texugos, renas, porcos-espinhos, corujas, falcões e, naturalmente, raposas.

"Quando resgatei Copper, ele estava provavelmente com uma ou duas semanas de vida," diz Gary. "Mas ele ainda precisava ser alimentado com mamadeira dia e noite. Ele estava desidratado e em péssimas condições, já que não se alimentava havia dias. Não sabemos o que aconteceu com a sua mãe e o resto da ninhada, e ele certamente não teria sobrevivido muito mais tempo sozinho."

Copper fazia bastante barulho, o que despertou o interesse de outro animal no abrigo, Jack o cão.

Jack é um *lurcher*[3], uma cruza de cão de caça cuja raça se originou na Irlanda e na Inglaterra. Assim como Copper, ele teve um triste começo, no seu caso nas mãos de uma dona cruel. Logo depois do nascimento, ela pegou todos os filhotes e os levou para o veterinário para que ele os sacrificasse porque achou os cãezinhos feios! É claro que o veterinário se recusou a matar os filhotes, em vez disso, arranjou lares para eles.

"Eu não tinha planejado ter outro cachorro, mas depois de conhecer Jack, tivemos que ficar com ele", afirma Gary. "Ele é extremamente encantador e afetuoso, anda em volta das galinhas, cabras e patos sem correr atrás deles. Ele não tem nenhum instinto caçador. É um animal maravilhoso."

---

[3] O *lurcher* é uma cruza, geralmente de cão pastor e galgo. (N. dos T.)

Mas Jack nunca tinha realmente se misturado com raposas (havia duas outras no local quando Copper chegou). Embora ele não fosse do tipo agressivo, comenta Gary, "a maioria dos cachorros atacaria e mataria uma raposa, de modo que nunca pensamos em colocá-los juntos. Naquela ocasião, Copper teria cabido direitinho na boca de Jack, de modo que tivemos que ser cautelosos". Mas Jack continuou a se aproximar para ver o motivo do rebuliço. O seu interesse foi despertado pelo filhote que guinchava, e ele se recusou a recuar. Gary finalmente deixou Jack inspecionar o recém-chegado.

"Não houve nenhum sinal de agressividade, apenas o rabo abanando e outras atitudes amigáveis", diz ele. "Nesse meio-tempo, o filhote de raposa se apegou imediatamente a Jack. Ele se mostrou dócil, rolando para mostrar a barriga, gritando e guinchando. Depois disso, tudo o que ele queria era ficar ao lado de Jack o tempo todo." Assim sendo, raposa e cão se tornaram colegas de cochilo, acariciando-se horas a fio, com muitas lambidas mútuas no focinho. E eles adoram brincar juntos: os dois correm

pela casa e lutam até ficar completamente exaustos, e, de alguma maneira, Jack sabe ser delicado. Se as coisas ficam um pouco violentas, um minúsculo ganido de Copper faz o cão se acalmar de imediato. Jack usa um sino no pescoço, e Gary diz que Copper logo associou o som com o seu novo amigo. "Quando ele escuta o sino, abana a cauda e regouga, procurando o cachorro, querendo brincar. Eles são totalmente dedicados um ao outro, embora Copper agora tenha outras raposas na sua vida."

Dessa vez, a verdade é até mesmo mais doce do que a ficção.

RAPOSA-VERMELHA

Aquela bela cauda felpuda executa muitas tarefas: confere à raposa um melhor equilíbrio, serve de cobertor quentinho nas noites frias e é usada como uma bandeira de sinais na comunicação de raposa para raposa.

(Warwickshire, Inglaterra, 2010 e 2006)

Histórias do Warwickshire Wildlife Sanctuary

GEOFF GREWCOCK PRECISAVA DE UMA MUDANÇA NA CARREIRA. MOTORISTA DE CAMINHÃO blindado, ele fora ferido durante um assalto, e o trauma o levou a pensar: poderia ele fazer alguma coisa mais significativa com a sua vida? Alguma coisa para melhorar a vida de outros? Para a sorte dos animais desgarrados e feridos de Warwickshire na Inglaterra, em 2001 Geoff inaugurou o Warwickshire Wildlife Sanctuary, para cuidar animais selvagens e domésticos necessitados. Até mesmo os que são abandonados na soleira da sua porta durante a noite – tudo desde aranhas de estimação a raposas e veados – são bem-vindos do lado de dentro, e no seu coração. O lugar mudou a vida de Geoff e também se tornou o cenário para as nossas duas próximas histórias de amores improváveis.

A perua e o cervo

A HISTÓRIA DE TINSEL, A PERUA, COMEÇOU, APROPRIADAMENTE, NA ÉPOCA DO NATAL. ELA estava amontoada em um caminhão com engradados de outros pássaros, todos destinados às mesas de jantar das festas de fim de ano. Quem sabe se ela sentiu que estava correndo perigo e deu um grande salto de fé, ou se o caminhão deu uma guinada e ela foi jogada da traseira do caminhão na estrada? Seja como for, apesar da árdua aterrissagem, foi um verdadeiro presente de Natal para ela ter caído no asfalto em vez de no mercado.

"Outro motorista de caminhão a viu na estrada e parou para apanhá-la", diz Geoff. "Ela era apenas uma coisinha, estava bastante machucada nas pernas e a sua pele estava arranhada. Então, ele a trouxe para nós." Nesse meio-tempo, Geoff havia recebido pouco tempo antes um cervo que ele chamou de Bramble. O animalzinho, talvez com duas semanas de idade, estava inconsciente em um

PERU DOMÉSTICO

REINO: Animalia
FILO: Chordata
CLASSE: Aves
ORDEM: Galliformes
FAMÍLIA: Meleagridinae
GÊNERO: *Meleagris*
ESPÉCIE: *Meleagris gallopavo*

campo quando algumas pessoas que passeavam com o cachorro o encontraram. A sua mãe simplesmente não estava à vista. Geoff, é claro, concordou em cuidar dele e o aconchegou em uma cama de feno no seu galpão, esperando que ele voltasse a si. Felizmente, ele foi despertado do coma quando um dos cachorros de Geoff começou a lambê-lo.

"Colocamos Tinsel perto do cercado de Bramble, onde o cervo estava deitado", recorda ele. "A perua entrou imediatamente no cercado e se acomodou entre as pernas dianteiras do cervo. Eles fizeram amizade instantaneamente." Como companheiros, andavam juntos pelo pátio, esfregavam focinho com bico, brincavam e tiravam a hora da sesta juntos. À noite, Tinsel dava bicadas no pelo e nos ouvidos de Bramble, asseando-o. "Bramble simplesmente adorava tudo aquilo. Ele abaixava a cabeça e deixava que ela o bicasse incansavelmente."

Em comparação com os mamíferos, os perus não têm uma vida longa. E Tinsel tinha sido criada especificamente para "ir para a panela" – o que significa que, mesmo que ela conseguisse escapar de seu destino, teria uma existência particularmente curta. Assim, Tinsel faleceu depois de passar cerca de dois anos como a melhor amiga de Bramble. A perda foi muito dura para o veado, diz Geoff. "Ele ficou claramente perturbado. Ficava sentado no seu cercado sem se mexer muito. "Ele se recusava a comer." Bramble, para Geoff, respondeu à pergunta de se um veado pode chorar a morte de um ente querido. "Foi realmente isso que aconteceu", afirma ele.

Mas o tempo tudo cura, e o veado, agora adulto e com mais de 1,5 metro de altura, está se saindo muito bem, diz Geoff. "Colocamos outro pássaro com ele, uma gansa do Canadá chamada Cleo. Eles não têm um relacionamento tão intenso quanto o que Bramble tinha com Tinsel, mas pelo menos ele tem companhia."

O texugo e a raposa

MUITO ANTES DE A PERUA CONHECER O CERVO E FICAR CAÍDA POR ELE, O WARWICKSHIRE Sanctuary foi cenário de outro romance, entre um texugo e uma raposa.

"Ambos chegaram lá bem pequeninos, com mais ou menos uma semana de idade, e tivemos que criá-los como animais domésticos", diz Geoff. Lulu, o texugo, fora encontrado deitado indefeso e sozinho em um jardim em Coventry, enquanto Humbug, a raposa, foi resgatada de uma barragem na estrada de ferro perto de Strafford. "Nós os colocamos no mesmo cercado, e eles gostaram instantaneamente um do outro." Pouco depois eles estavam esfregando o focinho um no outro, lutando, correndo e brincando de pique. Em um dos jogos, a raposa saltava sobre o texugo e este tentava seguir o exemplo – mas ele era um pouco arredondado, não tão ágil quanto a esbelta raposa, e não conseguia fazer o mesmo. (Ambos os animais estavam se alimentando bem. Por isso, o texugo arredondado.) Eles acabavam em um alegre monte de pelo no chão.

Geoff soube desde o início que os dois animais não iam envelhecer juntos, já que Humbug provavelmente seria devolvida à natureza enquanto Lulu, que depois descobrimos que não tinha uma boa visão, permaneceria no santuário. Ainda assim, "Os dois animais diferentes ficaram muito próximos, foi muito bonito", comenta Geoff.

Agora, os dois animais já partiram, mas deixaram para trás um legado e tanto. Geoff diz que Lulu e Humbug foram os animais que o inspiraram a abrir o santuário. Por conseguinte, além de tornar a vida um do outro mais agradável, esses amigos improváveis proporcionaram uma vida melhor para Tinsel, Bramble e centenas de outros animais que precisavam de um bom lar. Eu diria que os animais de Geoff também proporcionaram a ele uma vida muito melhor. Ele concorda.

TEXUGO
REINO: Animalia
FILO: Chordata
CLASSE: Mammalia
ORDEM: Carnivora
FAMÍLIA: Mustelidae
GÊNERO: *Meles*
ESPÉCIE: *Meles meles*

(Flórida, Estados Unidos, 1996)

O golfinho e o gato de rua

Descrevi anteriormente a minha experiência de brincar com um golfinho das águas do sul da Irlanda. Se você fizer perguntas por aí, como eu fiz, descobrirá que os mais diferentes tipos de pessoas têm o desejo de se aproximar dos golfinhos. Existe alguma coisa a respeito desses mamíferos aquáticos – não apenas aquele sorriso permanente (que na verdade nada tem a ver com a disposição de ânimo e tudo a ver com a alimentação), mas também a curiosidade, a qualidade divertida e a exuberância – que nos faz querer conhecê-los e estender a mão para tocar um deles.

Mas o desejo de nos aproximarmos dos golfinhos, de querer tocar neles, também é uma coisa felina? Parece que sim, se Arthur for uma indicação disso.

Arthur era um gato vira-lata, um dos muitos gatos de rua que fizeram do parque marinho Theater of the Sea, em Florida Keys, o seu lar. Inaugurado em 1947, o destino turístico dirigido por uma família é um lugar feliz para os felinos

**GOLFINHO-
-NARIZ-DE-
-GARRAFA**

REINO: Animalia
FILO: Chordata
CLASSE: Mammalia
ORDEM: Cetacea
FAMÍLIA: Delphinidae
GÊNERO: *Tursiops*
ESPÉCIE: *Tursiops truncates*

sem-teto, com muitas pessoas amantes de animais por perto, intermináveis porções de peixe para mordiscar, e muitos locais ao ar livre para cochilar aquecidos pelo sol da Flórida.

Para Arthur, havia o bônus adicional dos golfinhos. Assim como alguns gatos correm atrás de mariposas e outros de uma bola em um cordão, esse gato tinha uma inclinação especial por animais grandes de cabeça aveludada que emergiam da água como fantoches, jogando água salgada nas pessoas que passavam por perto. Arthur, assim como os seres humanos que visitam o parque, queria apenas ficar perto deles.

"Ele era amistoso, pesava talvez sete quilos, decididamente o chefe entre os gatos", diz Janie Ferguson, que na ocasião gerenciava uma franquia de cabine fotográfica no parque e cujo marido filmava vídeos dos animais.

Arthur também era destemido. Na realidade, tão destemido que, quando visitantes iam para a plataforma na lagoa de 95 milhões de litros onde os golfinhos estavam abrigados, comenta Janie, "ele andava conosco até o flutuante para olhar de perto os animais".

Tudo começou há muito tempo apenas como uma observação indagadora, mas com duas espécies curiosas por natureza envolvidas, aquilo logo se tornou algo mais íntimo. Arthur começou a ir até a borda e a se envolver diretamente com os golfinhos. "Eles o cutucavam com o bico e ele dava patadas na cara deles – não com as unhas, apenas suavemente – e ele até mesmo esfregava a cabeça contra eles", diz Janie. "Um dos golfinhos em particular, chamado Thunder, parecia realmente gostar dele." O gato desfilava de um lado para o outro ao longo da beirada da plataforma e, à guisa de resposta, Thunder também nadava de um lado para

o outro, e depois emergia bem alto para que Arthur pudesse alcançá-lo para uma carícia de face para bico. "Cada golfinho realmente tem a sua própria personalidade", afirma Janie. "E Thunder revelava a sua quando se tratava de Arthur." Arthur também mostrava como ele era. "O gato era muito seguro de si, e sempre procurava uma pequena aventura."

E Thunder não era recompensado pelos treinadores por interagir com o gato, ressalta Janie. "Aquilo apenas acontecia naturalmente. E os visitantes adoravam, é claro."

Mas por mais que gostasse de brincar com Thunder, Arthur se atinha às regras dos gatos domésticos. Ao contrário de cachorros que fizeram amizade com golfinhos, Arthur nunca saltou do seu poleiro relativamente seco para dar uma nadada (e, até onde sabemos, ele nunca caiu na água sem querer). Acho que o amor tem os seus limites.

Arthur já morreu, mas ele é lembrado pela sua atitude corajosa na plataforma dos golfinhos, atravessando limites entre as espécies (e correndo o risco de dar um mergulho na água fria) em nome da amizade. Janie diz que ele era "uma alma muito boa".

(Lopburi, Tailândia, 2008)

O macaco, o coelho e o porquinho-da-índia

ESTA HISTÓRIA NÃO É PARA AQUELES QUE SE IMPRESSIONAM COM FACILIDADE, MAS POSSO assegurar que ela tem um final mais feliz do que o começo.

Boonlua é um macaco de cauda longa do gênero *Macaca* – um primata do sudeste da Ásia, de face rosada e amante das frutas, que viceja no alto das árvores das florestas tropicais. Em 2005, ele vivia na natureza em um lugar chamado Lopburi na Tailândia quando teve uma experiência de quase morte que mudaria a sua vida.

O macaco descera da segurança das árvores certo dia quando se deparou com um bando de cachorros cruéis. Esse gênero de macaco pode ser bastante agressivo quando é ameaçado, mas os cachorros eram demais para ele, e literalmente o fizeram em pedaços; ele perdeu as duas pernas e um braço no ataque. Sangrando

e, sem dúvida, sentindo uma dor intensa, o primata certamente estava prestes a morrer. No entanto, em vez de desistir, de algum modo, com o único membro que lhe restava, ele se arrastou até um templo próximo. Ninguém sabe se o animal selvagem de alguma maneira sabia que deveria procurar pessoas para pedir ajuda ou se estava apenas procurando abrigo. Mas ele acabou indo parar no lugar certo.

Quando os monges viram a pobre criatura nos degraus do templo, chamaram um veterinário que, extraordinariamente, salvou o animal apesar dos seus terríveis ferimentos. Os monges então o levaram para um lugar chamado Royal Elephant Kraal, que recebia animais que precisavam de cuidados especiais.

A ex-zeladora de zoológico Michele Reedy, diretora de operações do Elephantstay (uma divisão de preservação de elefantes, sem fins lucrativos, do Royal Elephant Kraal), projetou um cercado especial para Boonlua acomodar as suas necessidades e habilidades especiais. Ele parecia se sentir seguro nesse seu novo ambiente, e logo estava tão saudável e ativo que as pessoas mal notavam que ele tinha perdidos tantas partes.

Com o animal se saindo tão bem, a equipe passou a se ocupar de outras tarefas e Boonlua logo pareceu triste por

MACACO-DE-CAUDA-LONGA

REINO: Animalia
FILO: Chordata
CLASSE: Mammalia
ORDEM: Primatas
FAMÍLIA: Cercopithecidae
GÊNERO: Macaca
ESPÉCIE: Macaca fascicularis

estar sendo deixado sozinho. "Chegamos à conclusão de que ele precisava de um amigo", diz Ewa Narkiewicz, a diretora de comunicação do Elephantstay. "Mas não poderíamos colocar outro macaco com ele por causa da sua invalidez." Se o relacionamento ficasse agressivo, Boonlua não poderia revidar. "Decidimos experimentar um coelho e ver se eles se dariam bem." Os zeladores trouxeram então Stripe, e também um porquinho-da-índia, Curlywurly Brian.

**PORQUINHO-
-DA-ÍNDIA**

REINO: Animalia
FILO: Chordata
CLASSE: Mammalia
ORDEM: Rodentia
FAMÍLIA: Caviidae
GÊNERO: *Cavia*
ESPÉCIE: *Cavia porcellus*

Apesar do seu hábito de roubar os seus petiscos favoritos das tigelas de comida dos seus dois companheiros peludos, o macaco está claramente encantado com Stripe e Curlywurly Brian, e eles não parecem notar a sua incapacidade, assim como ele também não parece percebê-la. "Ele costumava dormir alongado nos postes de madeira acima do chão, mas agora ele fica na parte de baixo do cercado para ficar o mais perto possível dos outros", diz Ewa. "Até mesmo com apenas um braço, ele passa bastante tempo asseando o coelho e o porquinho-da-índia. Ele fica com muito ciúme se outros prestam muita atenção a eles – Boonlua claramente acha que eles pertencem a ele. Ele é como um marido possessivo!"

"Tem sido muito importante para Boonlua ter companhia constante", acrescenta Ewa. "Ele ainda aprecia quando os visitantes o coçam e também gosta de segurar dedos humanos. Mas o fato de ter esses amigos peludos o ajudou enormemente, pois eles lhe deram algo seu em que ele pode se concentrar." O bom relacionamento deles e a recuperação de Boonlua, diz Ewa, "mostra quanto os animais são adaptáveis a todos os tipos de circunstâncias."

137

Para um animal que um dia viveu na natureza e que mal sobreviveu a um violento ataque, perdeu quase todos os membros e sofreu períodos de profunda solidão, Boonlua agora tem duas razões muito macias e agradáveis para viver.

(Somerset, Inglaterra, 2009)

A lontra e o texugo

AQUI ESTÁ, PORTANTO, A HISTÓRIA DE DOIS MUSTELÍDEOS. É UMA HISTÓRIA SENSORIAL, EM um certo sentido, porque o que torna um mustelídeo um mustelídeo é a maneira como ele fareja.

Vou explicar. Esse grupo de animais é conhecido pela glândula especial perto da base da cauda que exala um aroma almiscarado. Os membros da família borrifam o seu odor uns nos outros; isso lhes diz quem é parente e quem é desconhecido. Mas nesta história, a amizade foi mais forte do que a fragrância, e duas criaturas com cheiros diferentes se uniram como irmãos.

"Era um dia de março, frio e chuvoso", começa Pauline Kidner, fundadora do Secret World Wildlife Rescue, situado em Somerset no sudoeste da Inglaterra. "Recebemos uma comunicação de Devon a respeito de um filhote de lontra encontrado perto do irmão morto. A pessoa que o encontrou conseguiu apanhá-lo e

LONTRA EUROPEIA

REINO: Animalia
FILO: Chordata
CLASSE: Mammalia
ORDEM: Carnivora
FAMÍLIA: Mustelidae
GÊNERO: *Lutra*
ESPÉCIE: *Lutra lutra*

embrulhá-lo em uma toalha porque o filhote estava muito molhado e frio."

De volta ao seu centro de resgate, onde ela e a sua leal equipe cuidam de cerca de 5 mil animais feridos por ano, Pauline colocou o órfão – que ela chamou de Torrent – em uma incubadora, para elevar a sua temperatura corporal. Muito magro e frio até os ossos, ele talvez tivesse oito semanas de idade e nenhuma garantia de que iria sobreviver. Mas logo ele estava se mexendo, esticando os minúsculos membros, e ela o colocou em um pequeno cercado na cozinha para lhe dar mais espaço. Até agora tudo bem, pensou Pauline. Mas quando ela tentou alimentá-lo com mamadeira, ele se recusou a tomar. "Ele não bebeu nem mesmo quando usei uma seringa", diz ela. "Ele não estava interessado. Assoviava constantemente, aflito, solitário e querendo a mãe. Eu lhe dei brinquedos macios com bolsas de trigo aquecidas nas quais ele poderia se aconchegar, mas mesmo assim ele não sossegava."

Acontece que Pauline tinha três filhotes de texugo aos seus cuidados, que tinham sido levados para ela por pessoas bondosas que tinham visto os animais em perigo (dois estavam em uma estrada com carros passando ao redor deles, e o outro estava deitado sozinho em um campo, com muito frio).

Os texugos e Torrent eram mais ou menos do mesmo tamanho, de modo que Pauline decidiu colocá-los juntos, esperando que a companhia fosse acalmar a lontra estressada. Funcionou. "Torrent imediatamente se aconchegou aos filhotes de texugo e pegou no sono", diz ela. "Quando todos começaram a acordar cerca de duas horas depois, os filhotes de texugo ficaram intrigados com o novo amigo e o incluíram nas suas brincadeiras de luta, mordendo as orelhas e o traseiro uns dos outros. Torrent logo pegou o jeito!" É claro que as diferentes espécies não

apenas têm um cheiro diferente como também emitem sons dessemelhantes – com os texugos "relinchando" e a lontra guinchando e assoviando. "No entanto", diz Pauline maravilhada, "todos pareciam entender uns aos outros."

Quando chegou a hora importantíssima de comer, Pauline ficou aliviada ao ver Torrent seguir o exemplo dos seus novos amigos. Quando os texugos correram para as suas mamadeiras, a lontra fez o mesmo, competindo pelo melhor lugar, agarrando o bico e tomando tudo. Naquele momento, Pauline sentiu que Torrent com certeza iria sobreviver.

Ele não apenas sobreviveu. Ele vicejou! E os texugos também. Animados por natureza, eles passavam horas correndo atrás uns dos outros em volta da mesa da cozinha e sobre as cadeiras, e disputando pinhas de abeto na velha lareira. Pauline precisou alimentá-los separadamente quando Torrent passou a

se alimentar de peixes – "quando ele começou a enfiar o nariz da tigela de água do cachorro, nós soubemos que estava na hora" –, mas a amizade impetuosa dos animais continuou a se desenvolver rapidamente.

Quando Torrent começou a ter aulas de natação e a fazer outras coisas apropriadas às lontras, Pauline sentiu que o relacionamento com os texugos tinha servido ao seu propósito principal – fazer com que Torrent comesse e se socializasse – e estava na hora de arranjar para ele um companheiro da sua espécie. Isso ajudaria a prepará-lo para a sua futura volta à natureza.

Por sorte, exatamente quando Torrent estava desmamando completamente, alguém trouxe uma jovem lontra fêmea, chamada Rain, que fora encontrada sozinha em um estacionamento perto de um rio. A amizade nasceu facilmente entre os dois animais – será que podemos até mesmo sugerir um namoro? Eles moraram durante algum tempo no cercado relvado da lontra, onde podiam nadar em um grande laguinho e correr ao redor dele. E um ano depois, Pauline os deixou juntos em um lago na zona rural. Só resta especular se eles se acasalaram, mas podemos ter esperança!

Os texugos com o tempo se tornaram uma família de seis quando Pauline acrescentou mais órfãos ao grupo. (Quando as pessoas levam para ela animais jovens, ela os coloca juntos de acordo com o tamanho e a idade, deixando que cheirem uns aos outros e criando, em certo sentido, famílias de animais sem parentesco.) Todo o clã foi liberado no outono do mesmo ano, diz Pauline, "em um local encantador do bosque. Espero que, a essa altura, eles já tenham filhotes".

LONTRA

As lontras passam 80% do tempo na terra, mas são exímias nadadoras. Elas empregam predominantemente os bigodes para sentir a presa (por exemplo, os peixes), mas também têm a capacidade de sentir cheiro debaixo d'água!

(Devon, Inglaterra, 2008)

A águia-dourada e o homem voador

Em qualquer dia, se o tempo estiver bom e você estiver por acaso passeando no sudoeste da Inglaterra, olhe para o céu. Se você tiver sorte, talvez possa avistar uma coisa maravilhosa.

Na verdade, duas coisas. Um homem na sua máquina voadora. E um pássaro glorioso voando ao lado dele. Não se trata de uma coincidência: essa dupla, homem e pássaro, compartilha um vínculo que rivaliza com muitos relacionamentos humanos. Estamos falando de Jonathon, o falcoeiro, e Sampson, a sua estimada águia-dourada.

Sampson teve um triste começo de vida. Roubada de um zoológico quando era uma ave muito jovem, ela foi mantida pelo ladrão em uma despensa, em Yorkshire. A águia, macho, estava bastante alquebrada e agressiva quando Jonathon a resgatou. Mas quando o pássaro chegou a Devon e recebeu cuidados

ÁGUIA-DOURADA OU ÁGUIA-REAL-EUROPEIA

REINO: Animalia
FILO: Chordata
CLASSE: Aves
ORDEM: Accipitriformes
FAMÍLIA: Accipitridae
GÊNERO: *Aquila*
ESPÉCIE: *Aquila chrysaetos*

adequados, ele vicejou. E um ano depois do início da parceria, Jonathon, que voa em um ultraleve vermelho, fez com que Sampson planasse ao seu lado a 600 metros acima do solo, em longas viagens voluptuosas através da zona rural inglesa e ao longo da costa. "Conto os meus segredos para ele", Jonathon me confessou. "Ele realmente presta atenção, e acho que, em algum nível, ele compreende."

Jonathon vem trabalhando a maior parte da vida com aves de rapina e cavalos, e ele e os seus animais apresentam shows em toda a Inglaterra para exibir a graça e a inteligência desses seres, e para ensinar e entreter as audiências. O público adora ver as aves de rapina de perto e observar como o homem e os seus animais reagem uns aos outros.

Em um desses shows – um casamento em um castelo, em Gloucester, a cerca de 320 quilômetros da sua casa em Devon –, Jonathon e Sampson não puderam se apresentar por causa de chuvas torrenciais. Ele e o pássaro ficaram completamente encharcados, de modo que quando o tempo abriu, "levei os pássaros para fora para que eles voassem e pudesse se secar", diz ele. "Sampson voou sobre o castelo, entrou nas nuvens e desapareceu."

A princípio, Jonathon não ficou preocupado; ele sempre dera liberdade aos seus pássaros, e Sampson usava um rastreador para que os seus movimentos pudessem ser monitorados. "No entanto, depois de uma hora, fomos procurar por ele, e encontramos o rastreador no chão, completamente esmagado. Naquele momento, fiquei desesperado. Eu sabia que realmente o tínhamos perdido."

Jonathon precisou levar os seus outros pássaros para casa. "Entretanto, todos os dias, eu dirigia durante três horas até Gloucester procurando por

Sampson", diz ele. Jonathon não conseguia dormir nem comer. "Eu estava extremamente preocupado com ele. A minha vida gira em torno de cavalos e pássaros, eles são a minha família, de modo que, para mim, aquilo era como se um dos meus filhos tivesse fugido." Mas vagar pelas colinas de Gloucester tentando encontrar um pássaro "era, como dizem, procurar uma agulha em palheiro. Então pedi a um amigo que tinha uma estação de rádio que solicitasse aos ouvintes que informassem se tivessem avistado a águia – que não era um pássaro normalmente visto nas redondezas, já que ele tinha uma envergadura de dois metros." E não demorou muito para que os e-mails começassem a chegar. Alguém tinha visto uma águia em Bristol, outra avistara o pássaro ao longo da costa de Somerset, e mais tarde alguém relatou tê-lo visto voando em direção à terra.

E, então, sete dias depois do seu desaparecimento, Sampson voltou. Não para Gloucester, mas para Devon, a cerca de 400 quilômetros de distância de onde o seu voo de liberdade começara.

Ninguém sabe se o pássaro se perdeu durante algum tempo ou se apenas queria uma aventura solo, mas a volta dele "foi um enorme alívio", afirma Jonathon. Foi durante uma apresentação com alguns dos outros animais que, de repente,

a águia se precipitou em cena – como se estivesse esperando a sua deixa. "Fiquei completamente abismado quando avistei Sampson", comenta Jonathon. As suas lágrimas expressavam alívio e amor.

É difícil saber o que Sampson sentiu ao ver Jonathon, mas o fato de ele ter percorrido uma distância tão grande para ir para casa diz muita coisa. Além disso, "como Sampson não tem uma companheira, ele formou uma parceria comigo – ele me vê com o seu parceiro", diz Jonathon. E as águias-douradas formam parcerias para a vida inteira.

Obviamente, o relacionamento de Jonathon com Sampson é um pouco diferente, mas o vínculo é igualmente estreito. E quando os dois ficam separados por um tempo prolongado, o pássaro fica claramente infeliz. "Um amigo meu tomou conta dele durante o inverno quando fui à Espanha, e ele me disse que Sampson pareceu mal-humorado e desanimado." Quando Jonathan foi buscar o pássaro três meses depois, este "ficou claramente mais animado. Sampson estava me chamando; não tenho nenhuma dúvida de que ele me reconheceu e ficou feliz por me ver. O meu amigo disse que a mudança na águia foi inacreditável."

Depois da experiência de ter perdido Sampson durante algum tempo, Jonathon o manterá acorrentado ou engaiolado para que ele não desapareça voando de novo? De jeito nenhum, diz ele. "A liberdade só é uma grande coisa quando não a temos. Confio nele. Se eu o confinasse agora, seria contraproducente." E seria injusto com Sampson, afirma. "Ele é uma águia. Precisa voar."

(Virgínia, Estados Unidos, 1978)

O cachorrinho e o filhote de leoa

ALGUMAS PESSOAS FALAM A RESPEITO DE FUGIR PARA ENTRAR NO CIRCO. OUTRAS PESSOAS efetivamente fazem coisas assim. Neste caso, foi o parque de diversões e não o circo, mas não vamos nos perder em minúcias. Estamos falando sobre dias de verão, do cheiro de fritura e palha úmida, do tilintar da música do carrossel, de atrações supostamente seguras que levam a garotada a um frenesi de gritos, e da exposição a algumas pessoas esquisitas e a animais muito legais. Esta é a vida que Marcy e Mickey Berra estavam levando no final de 1970 quando se tornaram pais de um leão.

Mickey era filho do dono de um parque de diversões e, durante anos, ele os irmãos continuaram a viajar e operar os brinquedos no verão depois que o pai deles morreu. Com o tempo, Mickey mudou de profissão, mas um ano depois que ele e Marcy se casaram, chegaram à conclusão de que seria uma aventura divertida voltar às raízes de Mickey.

LEÃO

REINO: Animalia
FILO: Chordata
CLASSE: Mammalia
ORDEM: Carnivora
FAMÍLIA: Felidae
GÊNERO: Panthera
ESPÉCIE: Panthera leo

"Reunimos alguns brinquedos de parque de diversões e nos juntamos ao show Godding's Million Dollar Midway, onde Wayne, o irmão [de Mickey] ainda trabalhava", relembra Marcy. "Eu tinha 25 anos e gostava de aventuras."

Foi uma experiência incrível. Enquanto estavam mergulhados nesse estranho mundo, o casal comprou um cachorrinho chamado Alvin de um homem chamado Wrong Way Terry. "Ele custou o preço de uma embalagem de seis latas de cerveja", diz Marcy, e era menor do que uma delas. "Podíamos segurá-lo com uma das mãos!"

A parada seguinte do parque de diversões era o Navy Pier de Chicago. Enquanto estavam lá, Wayne preencheu um pedido para comprar Sabrina, um filhote de leoa de nove semanas, para ser o seu animal de estimação.

Os tempos mudaram. Hoje em dia, em muitos estados americanos, é ilegal possuir esses animais exóticos – tanto para o bem dos animais quanto para a segurança das pessoas. Mas naquela época, ter um leão como animal de estimação estava perfeitamente dentro da lei. Quando ela foi entregue, a família ficou agitada para ver como os seus respectivos animais de estimação se relacionariam. "Pusemos Alvin e Sabrina juntos no chão, e eles começaram imediatamente a brincar", diz Marcy. "Sabrina queria lamber Alvin para limpá-lo, e embora ele fosse mais travesso do que ela, eles se deram bem logo de cara. Brincavam o tempo todo."

Quando a temporada de parques de diversão terminou, Marcy, Mickey e Alvin voltaram para o edifício onde moravam em Crystal City, na Virgínia. O prédio não permitia animais, mas Alvin não fez nenhuma cena. "No entanto, pouco depois que chegamos, Wayne foi nos visitar com Sabrina", diz Marcy. "Ele perguntou se

poderíamos cuidar dela enquanto ele ia a Pittsburgh visitar a mãe." Eles puseram a leoa, que agora pesava 35 quilos, às escondidas, no elevador de serviço, e a levaram para o apartamento, onde Alvin e Sabrina alegremente se reuniram. "Fazia umas duas semanas que eles não se viam e ficaram muito felizes por se reencontrarem. Corriam atrás um do outro pelo apartamento e dormiam juntos como nos velhos tempos."

A curta viagem de Wayne se transformou em uma ausência de cinco meses. Marcy levava os animais para passear no parque todos os dias, "e quase todas as pessoas olhavam duas vezes quando nos viam". Ela diz que era muito divertido andar no elevador com outras pessoas com os dois animais na trela. "Elas nunca sabiam o que pensar. Sabe quando as pessoas no elevador olham diretamente para a frente, evitando contato visual, mas depois você as pega olhando? Isso

GRANDES FELINOS

De acordo com a empresa sem fins lucrativos Big Cat Rescue, os grandes felinos, como os leões, são, quilo por quilo, doze vezes mais fortes do que os seres humanos, crescem muito rápido e retêm o seu instinto natural de matar – qualidades que os tornam animais de estimação muito perigosos. Para mais informações a respeito das leis sobre a propriedade de grandes felinos em todos os Estados Unidos, dê uma olhada em bigcatrescue.org/state-laws-exotic-cats.

acontecia muito. Às vezes, elas perguntavam, incrédulas: 'Isso é um leão?'"

Quanto à personalidade dos animais, Alvin era pequeno e agitado, feliz por correr atrás de uma bola e brincar durante horas. Sabrina era mais tranquila. "Ela era uma lambedora – adorava lamber o nosso rosto, e a língua de um leão é muito mais áspera do que a de um gato doméstico, de modo que era como receber o tempo todo uma massagem facial!" Embora nunca tenha se mostrado violenta, Sabrina não gostava de ser incomodada enquanto estava comendo. (Afinal de contas, ela era uma leoa.) Mas o seu melhor amigo, Alvin, era uma exceção. "Ele rastejava entre as pernas de Sabrina e comia a comida dela, sem problemas."

Por fim, Wayne voltou para buscar Sabrina. Ele encontrara um lar para ela no Lion Country Safari na Flórida, onde ela poderia ter a companhia de outros leões e ter espaço para ser um grande felino. Mas antes de ela ser enviada para lá, Marcy e Mickey quiseram vê-la pela última vez. "Fomos visitá-la e ela ficou muito feliz por nos ver a todos. Ela deu um forte abraço em Mickey. Àquela altura, ela devia estar pesando quase 60 quilos", de modo que Marcy dispensou delicadamente o abraço. O mais importante foi que "ela ainda se mostrou carinhosa com Alvin", comenta Marcy, "embora ele estivesse correndo em círculos ao redor dela. Estava claro que o tempo que tinham ficado separados não mudara nada entre eles."

Aqueles eram tempos incomuns, diz Marcy. "Por mais que tenhamos adorado a nossa experiência com Sabrina, e ficado emocionados com a amizade dela com Alvin, rememorando acho que era horrível as pessoas poderem simplesmente comprar um felino selvagem daquela maneira." Nem todo mundo que tem esses animais cuida bem deles, e os seus donos costumam ser negligentes e praticar muitas irregularidades. Marcy não é nem um pouco a favor de que animais sejam enjaulados; ela admite que nem mesmo gosta de aquários. Por isso, embora tenha sido uma verdadeira aventura para as pessoas envolvidas, e uma autêntica história de amor para os animais, "estou muito feliz que as leis tenham mudado".

Terceira Parte

O amor na família moderna

> "Há apenas um tipo de amor, mas existem mil versões diferentes."
>
> – *François de La Rochefoucauld*

Antigamente, "família" significava uma coisa muito particular. Hoje em dia, a definição da palavra está sendo estendida em todas as direções, o que representa uma evolução maravilhosa. A família atual pode incluir uma mistura de linhagens, pode ter múltiplas etnias e cores, pode ter um irmão que um dia foi uma irmã (ou vice-versa), duas mães e nenhum pai (ou vice-versa) e assim por diante.

Podemos dizer que as histórias que se seguem representam famílias modernas entre animais não humanos. Temos um pouco de acasalamento não convencional, mas predominantemente você encontrará animais que encontraram vínculos familiares em algumas combinações inesperadas. Não é uma categoria de amor ordeira e certinha, assim como a vida em família e os relacionamentos nunca são ordeiros e certinhos. Este livro, afinal de contas, trata de misturar as coisas e derrubar expectativas.

(Broederstroom, África do Sul, 2009 e 2011)

Histórias do Glen Afric Wildlife Sanctuary

Existe alguma coisa na natureza selvagem africana que faz o coração humano bater mais forte. E os mamíferos que perambulam por esses lugares distantes são exatamente isso: *selvagens*. Elusivos. Duradouros. Vulneráveis. Completamente belos.

Desse modo, as histórias que contêm animais africanos, especialmente quando esses animais demonstram afeto e emoção de maneiras que nos fazem lembrar de nós mesmos, parecem mexer com o nosso coração com muita intensidade. Nas duas histórias que se seguem, animais com raízes nesse cenário, normalmente tão fora de alcance da maioria de nós, são pegos fazendo exatamente isso.

O cudo e a girafa

Primeiro, vamos dar uma olhada em uma girafa e um cudo na África do Sul que quebraram regras das espécies para o amor.

Há alguns anos, um filhote chamado Camilla despencou quase dois metros ao nascer. Em outras palavras, uma girafa chamada Lucy teve um bebê, Camilla, e, como as girafas dão à luz em pé, deixando cair as girafinhas no chão, Camilla teve que suportar a queda. "As girafinhas são recém-nascidos adoráveis", afirma Jenny Brooker, coproprietária do Glen Afric Wildlife Sanctuary. "Elas parecem ter saído diretamente de uma loja de brinquedos!"

Camilla cresceu, ficou forte e alta como, bem, como uma girafa (as fêmeas chegam mais ou menos a 5 metros de altura). A vida no santuário era boa, onde muitas espécies perambulam livremente – de gnus e caamas a javalis-africanos, antílopes, zebras e impalas. Há um hipopótamo, alguns leopardos e um bando de hienas-malhadas. Há também alguns leões em grandes cercados e alguns elefantes domesticados, mas "a maioria desses animais permanece selvagem", explica Jenny. "Não tocamos neles, mas temos um relacionamento maravilhoso com eles, uma grande confiança, e eles se aproximam de nós." Naquele ambiente, perambulando em um cenário natural, mas protegido por pessoas amantes dos animais, a jovem girafa estava em casa.

Então um dia, um improvável pretendente foi visitar a encantadora Camilla. "Mais ou menos dois anos atrás, um jovem cudo veio do rebanho selvagem que vive nas montanhas atrás de nós", diz Jenny. "Ele olhou uma vez para Camilla e se apaixonou!"

O cudo é um tipo de antílope (existem espécies "menores" e "maiores", e essa classificação tem predominantemente a ver com o tamanho). Eles geralmente têm uma marca branca entre os olhos e finas listras brancas que descem pelos lados a partir de uma crista de cabelo ao longo das costas. Os machos têm gigantescos chifres ondulados – os das espécies maiores podem crescer além de 180 centímetros, com uma graciosa curvatura. Alguns também têm pequenas barbas brancas.

Esse cudo era da espécie maior e era um assediador insistente. A sua afeição conduziu a "um caso amoroso extremamente inusitado", afirma Jenny. "Sempre que avistávamos Camilla e Lucy, lá estava o cudo. Ele seguia a namorada por toda a parte!" Tornou-se óbvio para a equipe que o cudo era Charles para a girafa Camilla, de modo que o nome pegou.

GRANDE CUDO OU CUDO MAIOR

REINO: Animalia
FILO: Chordata
CLASSE: Mammalia
ORDEM: Artiodactyla
FAMÍLIA: Bovidae
GÊNERO: *Tragelaphus*
ESPÉCIE: *Tragelaphus strepsiceros*

Jenny diz que o casal era visto esfregando o focinho um no outro, e se o cudo se afastava muito das girafas, "Camilla ficava muito agitada e procurava por ele. O afeto foi claramente mútuo desde o início."

Dois anos depois de Charles ter aparecido na vida de Camilla, os dois se tornaram adultos e continuam a perambular juntos pelo mato, seguidos pela acompanhante (e sogra) Lucy. O casal de espécie mista parece satisfeito com a sua estranha união. Jenny ressalta que esses animais não foram criados por tratadores e nem tiveram nenhuma interferência de seres humanos. "Eles nasceram no nosso santuário, mas são livres e selvagens como os outros animais que vivem aqui", diz ela, o que torna esse relacionamento ainda mais inesperado. Os cudos machos às vezes permanecem em grupos de solteiros, mas são predominantemente solitários. Quem sabe por que este se apegou a uma companheira, particularmente de uma espécie diferente? Se o relacionamento amoroso com Charles vai terminar caso Camilla encontre uma girafa macho como parceira é uma questão que está aberta à especulação. Sem dúvida os rumores correrão soltos.

O leopardo e o cachorro

ENQUANTO ISSO...
    Nesta história, há um felino malhado que depende do afeto de um cão. Selati foi para o centro de reabilitação do Glen Afric quando tinha cerca de três semanas de idade, o único sobrevivente de uma ninhada de quatro leopardos. "Frequentemente nos pedem que criemos jovens órfãos de todos os tipos", declara Jenny Brooker. "De filhotes de elefantes e zebras a girafas, jumentos e filhotes de bode, já tivemos de tudo por aqui." Bem, quase tudo. Naquela ocasião, para a equipe de reabilitação, "um leopardo era um novo desafio!".

LEOPARDO

REINO: Animalia
FILO: Chordata
CLASSE: Mammalia
ORDEM: Carnivora
FAMÍLIA: Felidae
GÊNERO: Panthera
ESPÉCIE: *Panthera pardus*
SUBESPÉCIE: *Panthera pardus pardus*

Por sorte, o felino, uma fêmea, se revelou um filhote fácil: "Ela aceitou muito bem a fórmula de leite que demos para ela, e logo começou a mamar feliz na mamadeira", relembra Jenny a respeito da primeira semana de cuidados de Selati. Jenny tinha uma creche em casa, para poder monitorar os jovens animais a noite inteira, levantando-se repetidamente para alimentá-los naquelas primeiras semanas. Assim sendo, Selati passou imediatamente a conviver com quatro cachorros, o gato e os filhos de Jenny, todos os quais ficaram encantados com a nova residente. O leopardo logo escolheu um favorito: Tommy. "Selati formou imediatamente um vínculo com Tommy. Ele é um cachorro muito doce. Até deixa os pintinhos subirem nele."

À medida que Selati crescia, ela foi se tornando mais ágil e exuberante. Jenny recorda o seguinte: "Ela subia em cima de tudo, saltando dos armários da cozinha nas nossas costas quando passávamos. No entanto, ela era sempre delicada – nunca punha as garras para fora". Os filhos de Jenny levavam os quatro cachorros e o leopardo para longos passeios pela fazenda, iam até a barragem, onde os cachorros adoravam nadar e as crianças brincavam de guerra de lama. E embora quase todos nós tenhamos a tendência de achar que os felinos e a água não combinam, Selati ficava muito contente em mergulhar junto com os outros e chapinhar na água, brincando de jogos que somente os animais entendiam.

É claro que os grandes felinos precisam de muito espaço. Selati realmente precisava de um ambiente seguro – mais pela segurança dos recém-chegados à creche do que pela dela. (O leopardo, agora adolescente, podia ser um pouco bruto demais com os filhotes.) Por isso, a equipe do Glen Afric construiu para ela um grande cercado com muitas árvores onde ela podia trepar. Isso era vital para que

Selati continuasse saudável, embora removê-la da sua "família" tenha sido difícil para todo mundo. Especialmente para Tommy.

Para combater qualquer possível solidão, "todo fim de semana colocávamos Tommy no carro, apanhávamos Selati e íamos até as montanhas atrás da fazenda para dar longos passeios a pé juntos. E o elo entre Selati e Tommy se tornou ainda mais incrível". Os dois animais brincam de pique na relva alta, um se jogando sobre o outro, ou passeiam lado a lado como um casal que está junto há muito tempo.

Em breve, Selati poderá encontrar um companheiro e seguir adiante com a sua vida de leopardo. Mas mesmo que Tommy se torne uma figura menos proeminente na vida dela, "estou certa de que ela nunca o esquecerá", afirma Jenny. E Jenny acredita que Tommy sempre terá Selati guardada no coração.

(Açores, Portugal, 2011)

O golfinho
e os cachalotes

Quinze quilômetros ao largo da ilha de Pico nos Açores, um relacionamento divertido entre um golfinho e um bando de cachalotes intrigou os etologistas. A área, um arquipélago no Atlântico Norte, é uma encruzilhada de correntes oceânicas rica em alimento que atrai uma enorme quantidade de criaturas marinhas, entre elas muitos mamíferos.

Alexander Wilson e Jens Krause, do Leibniz-Institute of Freshwater Ecology and Inland Fisheries em Berlim, na Alemanha, estavam nos Açores procurando cachalotes na esperança de iniciar um estudo do comportamento dos animais. "Um acaso feliz brilhou sobre nós", diz Wilson, "quando nos deparamos com esse interessante encontro." Eles testemunharam um golfinho-nariz-de-garrafa – ele parecia ter um defeito de nascença na coluna vertebral – convivendo com cachalotes como se o seu lugar fosse ali, como se fosse um membro da família.

CACHALOTE
REINO: Animalia
FILO: Chordata
CLASSE: Mammalia
ORDEM: Cetacea
FAMÍLIA: Physeteridae
GÊNERO: *Physeter*
ESPÉCIE: *Physeter macrocephalus*

"Inicialmente, partimos do princípio de que era uma coisa passageira. No entanto, ao longo de oito dias, nós os vimos repetidamente juntos. Eles estavam claramente associados de uma maneira amigável."

Os golfinhos são animais que apreciam muito o contato físico com a sua própria espécie, com frequência esfregando o rostro (a parte do "nariz") uns nos outros ou movendo-se em paralelo uns aos outros. "É assim que eles mantêm os seus fortes elos sociais", explica Wilson. Mas ver um golfinho esfregando o focinho em um grande cachalote e roçando uma nadadeira sobre o respiradouro dele, como Wilson recorda, "foi bastante impressionante. Os cachalotes têm um contato físico diferente uns com os outros. Eles tendem a rolar o corpo na superfície, fazendo contato com a cauda ou esfregando o flanco uns nos outros". Aqui estava então um golfinho fazendo coisas de golfinho com baleias – e as baleias pareciam estar aceitando aquilo "numa boa". E o golfinho também estava copiando o comportamento das baleias, rolando o corpo e brincando do jeito dos outros mamíferos. "Sem dúvida é raro ver tanto contato físico entre duas espécies diferentes", comenta Wilson. Especialmente quando os seus hábitos de toque são normalmente muito diferentes.

No entanto, como já mencionamos, esse golfinho era um pouco incomum, já que tinha um defeito de nascença na coluna. "Nós nos perguntamos se essa seria parte da razão pela qual ele tinha feito amizade com essa outra espécie." Talvez ele tivesse dificuldade em acompanhar os outros golfinhos – que podem disparar a 40 quilômetros por hora – de modo que se juntou a um grupo que se desloca mais lentamente. (Os cachalotes podem rivalizar em velocidade com os golfinhos quando estão realmente com pressa, mas tipicamente esses animais enormes nadam de uma maneira tranquila, a 16 quilômetros por hora ou menos.)

Ou talvez, arrisca Wilson, tenha tido a ver com a estrutura social dos golfinhos. "Eles formam uma hierarquia, e é possível que esse, que tinha uma aparência diferente, não tenha sido aceito, tenha sido molestado e não tenha conseguido competir, de modo que iniciou o contato com esses outros animais que pareciam mais amigáveis." O que é bastante interessante, afirma ele, já que, tipicamente, os cachalotes são vistos agindo de uma maneira agressiva ou defensiva com relação a outros mamíferos marinhos. No entanto, neste caso, os cachalotes podem ter adotado o golfinho na sua família porque ele fora desprezado pela dele.

Ou então, será que se juntar a um grupo pode ter sido simplesmente uma forma de o golfinho frustrar predadores? Talvez, mas não há muitos animais nos Açores que caçariam um golfinho. Por isso, embora esse possa ser um benefício adicional, o mais provável é que a parceria para todos os animais tenha envolvido o companheirismo e a brincadeira.

Wilson dá um risinho diante da ideia de que o golfinho e a sua família de baleias adotiva estivessem ligados por meio de algo como o *amor*, mas ele concorda em que os mamíferos marinhos, e especialmente os golfinhos e as baleias, são capazes de ter complexos relacionamentos. "Eles são inteligentes e sociais, de modo que não devemos subestimar o que possa estar acontecendo", diz ele. "Certamente, a interação satisfez alguma necessidade para ambas as espécies."

(Rio de Janeiro, Brasil, 2012)

A jiboia e o pit bull

Uily Oliveira mora no Rio de Janeiro, a segunda maior cidade do Brasil, conhecida pelas multidões e pelo Carnaval, pelo samba, pelas praias e pela bossa-nova. Esse estudante universitário de veterinária de 32 anos adora a turbulência do Rio, mas talvez não do tipo que se esperaria. Além da esposa (que também estuda veterinária e é uma grande fã de animais grandes e pequenos), Uily divide uma casa com sete cachorros, seis jiboias, uma jiboia albina, cinco lagartos enormes, quatro iguanas e duas tartarugas. Ele também tem uma coruja-de-igreja, dois porquinhos-da-índia e, para completar o zoológico, há um pequeno papagaio australiano muito eloquente. Não é raro vermos Uily sair para passear com um ou dois cachorros ao seu lado, a coruja agarrada no seu antebraço e uma cobra enroscada como uma echarpe em volta do seu pescoço.

De fato, uma vida selvagem.

JIBOIA

REINO: Animalia
FILO: Chordata
CLASSE: Reptilia
ORDEM: Squamata
FAMÍLIA: Boidae
GÊNERO: Boa
ESPÉCIE: Boa constrictor

No meio dessa confusão de cachorros está Laika, a cadela pit bull que amigos de Uily encontraram perdida na rua. Uily a adotou... Quando já se tem seis, mais um não representa nada. E um dia, essa cadela passou a demonstrar um interesse inesperado por Jack, a cobra macho.

"Eu já tinha Jack havia dois anos quando adotamos Laika", diz Uily. Mas depois que a cadela veio morar conosco, "sempre que eu estava cuidando de Jack, Laika aparecia e se mostrava curiosa a respeito dele, desejosa de se aproximar." Por saber que a sua cobra era delicada (e bem alimentada), e que a cadela também tinha um coração meigo, Uily chegou à conclusão de que era seguro colocar os dois juntos. Eles se deram às mil maravilhas.

Uily aprendeu a reconhecer quando Laika deseja um abraço de cobra. "Ela adora se deitar de costas e deixar que Jack se enrosque nela. Ela até mesmo sai para passear com Jack em volta do pescoço, mostrando como eles são realmente próximos." Imagine se deparar com uma dupla assim passeando pelo quarteirão. Só mesmo no Rio! Ou... talvez em Nova York. Tudo bem, Los Angeles também. Mas parou por aí.

Laika é muito delicada com Jack. "Ela parece saber que, se fizer movimentos bruscos, poderá machucá-lo. E ela realmente parece relaxar quando Jack está 'andando' sobre ela, como se ele estivesse lhe aplicando uma massagem." Tudo parece muito carinhoso, diz Uily. "Às vezes, eu os deixo juntos durante horas."

Desconhecidos não raro se mostram céticos quanto à possibilidade de a cadela e a jiboia estarem se relacionando por escolha. "Postei uma foto de Jack e Laika juntos no Facebook e as pessoas a acharam inacreditável", diz Uily. "Algumas tinham certeza de que eu tinha sedado Laika para tirar as fotos, mas um dos comentários me fez rir: 'Mas que absurdo, uma cobra matando um cachorro!'. Eu ri muito quando li isso, e depois tentei explicar que se tratava de uma amizade, e que nenhum dos animais representava risco para o outro."

Talvez parte dessa reação se deva ao fato de ambos os animais terem uma má reputação, geralmente imerecida. As cobras, em particular, são um dos animais mais temidos (estando em pé de igualdade com os tubarões). Muitas são mortas por medo, quando na verdade a maioria delas não quer ter nada a ver com os seres humanos e certamente não está procurando nos fazer mal. E de todas as raças de cachorros, os pit bulls tendem a ser encarados como os mais ferozes, embora muitos deles sejam bastante doces, delicados com as crianças e extremamente leais.

No entanto, a reputação subsiste. "O problema, na verdade, reside com os donos, não com os animais", afirma Uily. "O segredo para interagir com esses animais de uma maneira harmoniosa é respeitá-los."

E essa parece ser uma atitude que os animais de Uily parecem levar a sério, já que Laika e Jack executam a sua dança delicada com uma suprema gentileza, até mesmo com ternura. Quem pode dizer o que está se passando na cabeça da jiboia? Claramente não é medo e nem o desejo ou instinto de apertar Laika até a morte. E é divertido, e talvez um tanto correto, colocar pensamentos na mente de Laika enquanto Jack se contorce e desliza pelas costas dela: "Ei, amigo, você pode chegar um pouco para a esquerda? *Ahhhhhhh*, que delícia!".

(MERU, QUÊNIA, 1999)

O rinoceronte-negro e o javali-africano

ÀS VEZES O AMOR SIGNIFICA SIMPLESMENTE ESTAR PRESENTE PARA OUTRA PESSOA. *O TEMPO todo*. E também pode envolver um pouco de asseio e cuidados pessoais. Não estou me referindo a uma escovação de cabelo delicada ou uma lavagem facial. Em um parque de animais selvagens no Quênia, isso pode significar retirar dezenas de carrapatos das dobras da pele e, bem, comê-los.

Ei, não fique com nojo! A vida na natureza requer que saibamos lidar com todos os tipos de coisas desagradáveis. E até mesmo um aracnídeo hematófago é um alimento perfeitamente nutritivo para alguns animais que vivem nela. (Só para lembrar, no mundo inteiro muitas pessoas também comem insetos, aranhas e coisas do tipo, embora eu desconfie que carrapatos não costume fazer parte do cardápio.) A tarefa de asseio/alimentação relacionada com carrapatos nesta história ficou com Digby, um javali-africano, cujo relacionamento com

JAVALI-AFRICANO

REINO: Animalia
FILO: Chordata
CLASSE: Mammalia
ORDEM: Artiodactyla
FAMÍLIA: Suidae
GÊNERO: *Phacochoerus*
ESPÉCIE: *Phacochoerus africanus*

um rinoceronte-negro chamado Omni foi muito além do que poderíamos chamar de amizade. Afinal de contas, quando foi a última vez que você arrancou parasitas do seu vizinho ou colega de escola, e o fez com prazer? Exatamente.

Apesar dos carrapatos, esta é uma terna história de amor, e envolve não apenas a proximidade entre o rinoceronte e o javali, mas também entre o rinoceronte e as pessoas que cuidavam dele.

No final de 1999, um rinoceronte-negro fêmea cego chamado Mawingu deu à luz no Lewa Wildlife Conservancy na região central do Quênia. O macho recém-nascido recebeu o nome de Omni. Ele foi criado por tratadores, para que tivesse uma chance maior de sobreviver do que um irmão mais velho que não tinha conseguido, e a ideia deu certo. O rinoceronte-negro é uma espécie criticamente ameaçada, de modo que cada vida é especialmente preciosa. O santuário Lewa é um dos poucos lugares que cruza e cria os animais para ajudar a aumentar o seu número. Omni faz parte desse sucesso.

Com apenas poucos dias de idade, Omni conheceu Digby, um javali-africano órfão que também precisava de cuidados humanos. "É difícil descrever o primeiro encontro entre eles", contaram os tratadores de Omni, "porque eles estiveram juntos desde o começo!" Por ter uma idade tão próxima, e já que nenhum dos dois tinha a mãe para cuidar deles, os dois foram mantidos na mesma cama como gêmeos, mesmo na ausência da semelhança física. Como estavam fora do seu elemento na natureza, "eles estavam isolados de outros membros das suas espécies", dizem os tratadores. "Assim sendo, eles formaram um estreito vínculo um com o outro." Na realidade, qualquer pessoa que espiasse o cercado de Omni à noite teria vislumbrado um único monte coberto com uma manta que era um filhote de javali-africano em cima de um filhote de rinoceronte, ambos profundamente adormecidos.

À medida que iam crescendo, ficou claro que Omni tinha um temperamento meigo, um verdadeiro manteiga derretida. Digby se revelou um pouco mais instável, como os javalis-africanos tendem a ser. No entanto, "eles raramente brigavam", relembram os tratadores. Em vez disso, eles eram delicados um com o outro, "dando lambidas e alegres empurrões, correndo de um lado para o outro como encantadoras crianças!". Além disso, é claro, havia a hora do asseio e cuidados pessoais. "Digby era extremamente persistente quando se tratava de se livrar dos carrapatos de Omni!" Na realidade, um documentário filmado pela BBC no Lewa mostra Digby farejando as orelhas de Omni em busca dos "petiscos" e enterrando o focinho na pele rachada do rinoceronte, enquanto Omni ficava deitado no chão, bastante satisfeito.

Mas nem sempre Digby estava buscando uma recompensa física de Omni. Os tratadores dizem que eles ficavam juntos o tempo todo, quer estivessem comendo, brincando, andando no mato ou chafurdando em poças de lama para se refrescar. "Os dois se protegiam mutuamente e tentavam amedrontar qualquer um que pudesse ser uma ameaça para o outro. Eles eram irmãos, melhores amigos e guardiães um do outro. Eles se amavam como se fizessem parte da mesma família."

Os próprios tratadores formaram um vínculo muito especial com Omni. Legei, em particular, adorava o rinoceronte, tendo sido o primeiro a cuidar dele, amamentando-o com mamadeira quatro vezes por dia, levando-o para passear e

**RINOCERONTE-
-NEGRO**

REINO: Animalia
FILO: Chordata
CLASSE: Mammalia
ORDEM: Perissodactyla
FAMÍLIA: Rhinocerotidae
GÊNERO: *Diceros*
ESPÉCIE: *Diceros bicornis*

ajudando Digby com o importantíssimo asseio – raspar parasitas da pele de Omni. Para Legei, assim como para Digby, Omni se deitava e deixava, calma e alegremente, que eles fizessem a limpeza. Era uma massagem e um banho ao mesmo tempo... como poderia ele resistir?

"Fui a mãe e o pai desses animais", diz Legei. Especialmente de Omni. Desde a tenra idade de nove dias, o rinoceronte só recebeu os cuidados desse rapaz. "Eu acordava no meio da noite para alimentá-lo e cobri-lo." Omni e Digby dividiam uma cama feita de relva, e os tratadores Kaparo e Kisio também passavam algum tempo morando com os animais para ajudar Legei a cuidar deles. Os homens cantavam para os órfãos – como os pais cantam para os seus bebês.

Finalmente, em 2002, os animais iriam ser transferidos para outro parque a cerca de 38 quilômetros de distância, e os tratadores pretendiam conduzi-los a pé até lá. Omni, que se tornara o líder da dupla, estava pronto e disposto a fazer a jornada. Mas Digby não queria deixar o seu primeiro e único lar, e depois de ter percorrido parte do caminho, ele se agachou e se recusou a seguir adiante, mesmo quando Omni tentou persuadi-lo a continuar. Ele finalmente se virou e correu de volta para o santuário, e os tratadores e o rinoceronte tiveram que seguir viagem sem ele.

De volta em casa, Digby ficou claramente arrasado porque Omni não estava mais lá. Ele procurou incansavelmente pelo amigo, e depois fez um rebuliço destrutivo quando não conseguiu encontrar o rinoceronte que amava. Os tratadores logo se deram conta de que os animais precisavam um do outro, e decidiram tentar reuni-los levando Digby de avião para o novo local. No entanto, infelizmente, ao chegar lá, o confuso javali fugiu, desaparecendo na selva, e nunca mais foi visto.

Aquilo era amor entre rinoceronte e javali? De acordo com Kaparo, quando os dois estavam juntos, eles eram como um jovem casal, sempre se tocando, lambendo ou "se acariciando" com o focinho. Eles estiveram presentes um para ou outro durante muitos anos, independentemente das circunstâncias. E o comportamento de Digby depois da separação lembra o de um adolescente inconsolável, quebrando regras e fugindo.

Lamentavelmente, preciso informar que Omni recentemente morreu nas mãos de caçadores ilegais. Legei e os outros que sentiam um amor especial por Omni estão arrasados com a perda. Antes da sua morte, eles o visitavam sempre que podiam. E Omni se lembrava das pessoas que cuidaram dele todos aqueles anos, especialmente quando ouvia a voz delas. A caça ilegal da fauna selvagem africana – pela carne ou, frequentemente, por partes valiosas do animal como os chifres – faz uma enorme quantidade de vítimas. Os rinocerontes têm sido particularmente afetados, e o seu número vem diminuindo. Omni é uma trágica perda entre muitas.

(Oregon, Estados Unidos, 2000)

O elefante e os amigos do zoológico

Na ilha de Bornéu, na Indonésia, como em muitas partes distantes e dispersas do mundo, a linha que separa o humano e o selvagem está se tornando cada vez mais tênue. Onde as indústrias e as economias estão crescendo, a natureza frequentemente se curva sob a pressão. E algumas das indústrias que estão em rápida expansão colocam o maior peso sobre a vida selvagem. Há mais de uma década, uma jovem elefanta chamada Chendra perdeu o seu mundo e os seus companheiros selvagens para esses empreendimentos humanos. Por outro lado, felizmente, seres humanos se esforçaram para devolver-lhe a vida. A improvável história de amor de Chendra é de um tipo muito especial.

Este não é um cenário incomum hoje em dia: quando a área arborizada de Bornéu onde Chendra nasceu foi desnudada e transformada em plantações comerciais para a indústria do óleo de palma, milhares de animais foram deslocados,

ELEFANTE ASIÁTICO
REINO: Animalia
FILO: Chordata
CLASSE: Mammalia
ORDEM: Proboscidea
FAMÍLIA: Elephantidae
GÊNERO: *Elephas*
ESPÉCIE: *Elephas maximus*

feridos ou mortos. Tendo sobrevivido a um ferimento de escopeta que a deixou cega do olho esquerdo e depois passado semanas acorrentada em um centro de reabilitação indonésio, Chendra na realidade teve mais sorte do que a maioria dos animais. Quando ela ainda era filhote, chegou a notícia de que havia espaço para ela no Oregon Zoo em Portland.

"Ela não poderia ser solta em Bornéu porque não teria sobrevivido sozinha", afirma Bob Lee, o responsável pelos elefantes no zoológico. Ela não tinha uma manada, outros elefantes que tomassem conta dela. "Por isso ficamos contentes em aceitá-la."

Os elefantes precisam uns dos outros. Eles são animais excepcionalmente sociais, em especial as fêmeas, permanecendo em grupos familiares (com uma líder matriarcal) a vida inteira. O vínculo entre os paquidermes é fortíssimo (eles até mesmo pranteiam os seus mortos de maneira familiar), e contato físico é uma das principais maneiras de eles demonstrarem lealdade e afeição dentro da manada.

Desse modo, quando chegou a Oregon, Chendra teve acesso a outros elefantes, para se tornar parte de um grupo, tendo contato físico e se comunicando como faria na natureza. "Deixamos que ela se tornasse muito ligada à manada aqui", explica Bob. "Nós a expusemos a machos, e ela assistiu ao nascimento de elefantes e fez amizade com os filhotes – um deles costumava subir nas costas dela no laguinho quando brincavam juntos."

Colocar Chendra entre os elefantes foi fundamental para que ela se recuperasse do seu começo de vida traumático, mas essa não foi a única maneira de enriquecer a sua vida. "Nós queríamos mais atividades, mais maneiras de alimentar a sua curiosidade", diz Bob. E como na natureza os elefantes são apenas um dos numerosos residentes, "começamos a passear com Chendra pelo zoológico para que ela conhecesse os outros animais. Ela é como um cachorro bem treinado – permanece do nosso lado. Também podemos deixá-la solta por algum tempo, mantendo um vasto círculo ao redor dela, e chamá-la de volta se ela se afastar muito". Esses passeios com o bebê elefante se tornaram momentos sociais para Chendra; a visão, os sons e o cheiro dos outros animais excitaram a curiosidade dela, e ela descobriu que fazer amigos não é um ato que se restringe ao habitat dos elefantes.

"Ela queria ver tudo, conhecer todo mundo", afirma Bob. "Ela é muito curiosa, e os outros animais também estavam interessados nela. Ela farejava o ar, tremulava as orelhas quando ouvia os grasnidos, guinchos e gritos dos animais de outros habitats que a chamavam. Ela inspecionava o que quer que conseguisse alcançar com a sua sensível tromba." Os leões-marinhos, por exemplo, formavam um círculo em volta dela como se ela fosse a convidada de honra de uma festa. Logo, comenta Bob, "ela começou a estender a tromba na direção deles para cheirá-los através do vidro. E quando voltávamos no dia seguinte, ela emitia sons suaves, como leves trovões, quando os avistava. Trovões de felicidade".

Hoje, os gestos amigáveis de Chendra se estendem por todo o zoológico, dos leões-marinhos e pinguins aos bodes na "área de

ÓLEO DE PALMA (TAMBÉM ÓLEO OU AZEITE DE DENDÊ)

A Indonésia é um dos maiores produtores do óleo de palma, usado em alimentos, produtos de consumo e biocombustível. Infelizmente, a indústria é responsável por destruir imensas áreas de floresta tropical. Os consumidores que procuram produtos sem o óleo ou produtos com o rótulo de óleo de palma sustentável estão ajudando a proteger as áreas virgens da natureza e os animais que elas sustentam.

carícias". "Um bode em particular tem uma paixonite por Chendra", diz Bob. "Todas as vezes que passamos por ele, ele se aproxima correndo e sobe na cerca, tentando ficar mais perto dela. Ele berra, ela o fareja, e eles ficam juntos por alguns minutos antes de seguirmos adiante. É óbvio que eles gostam um do outro."

Mas a maior história de amor pode ser aquela entre Chendra e as pessoas que foram tão importantes para a sua cura. Bob trabalha com elefantes há mais de 17 anos, mas Chendra ocupa um lugar especial no seu coração. "Ela é realmente como se fosse nossa filha aqui no zoológico", afirma ele. "Nós a observamos enquanto ela deixava de ser uma menina órfã nervosa e se tornava uma 'mulher' adulta e confiante. A nossa equipe está presente sete dias por semana e também nos feriados, de modo que nós a vemos e interagimos com ela todos os dias. Nós nos tornamos uma família, e ela é a nossa. Para nós isso é realmente amor, não existe outra maneira de expressá-lo."

E pela manhã, quando Chendra avista Bob ou os outros membros da sua família humana, "ela corre na direção deles fazendo aqueles sons de trovão, farejando e tocando, demonstrando como ela pode ser doce". A relação decididamente é nos dois sentidos, diz ele, das pessoas para a elefanta e da elefanta para as pessoas. "Nada pode ser mais gratificante do que isso."

(HERTFORDSHIRE, INGLATERRA, 1994)

A dama, o tigre e o pastor-alemão

QUALQUER PESSOA QUE OBSERVASSE SARAH HARRISS SE APROXIMAR DA JAULA DE UM VELHO tigre-de-bengala, estalando a língua e chamando o nome dele, poderia ter ficado preocupada com a sua segurança. Mas não havia nada a temer. O tigre de 18 anos de idade emitiu uma resposta, aproximando-se rapidamente para saudá--la. Ele se esfregou nela através das grades e ela estendeu a mão para acariciar a enorme cabeça e o pescoço do animal. Se um felino é capaz de amar, essa deve ser a demonstração desse amor.

Sarah teve um vínculo excepcional com Bruno, o tigre-de-bengala, durante a maior parte da vida dele. Ele fora resgatado de um circo quando era apenas um filhote de cinco semanas e levado para Paradise Park em Broxbourne, Hertfordshire, na Inglaterra, onde Sarah morava e trabalhava, e ela ficou responsável por cuidar do animalzinho. Mas ainda mais extraordinário do que o

TIGRE-DE-BENGALA

REINO: Animalia
FILO: Chordata
CLASSE: Mammalia
ORDEM: Carnivora
FAMÍLIA: Felidae
GÊNERO: *Panthera*
ESPÉCIE: *Panthera tigris*
SUBESPÉCIE: *Panthera tigris tigris*

relacionamento entre a mulher e o tigre foi o que floresceu entre o grande felino e Cash, o pastor-alemão de Sarah.

A não ser, às vezes, quando são animais de estimação na mesma casa, gatos e cachorros geralmente não encontram muitas afinidades. No entanto, a partir de 1994, Bruno e Cash foram a exceção à regra. Nas rondas diárias de Sarah pelo parque, ela era responsável por alimentar uma série de órfãos felinos, entre eles uma ninhada de filhotes de leão e o jovem tigre. E Cash, que sempre a acompanhava, passou a conhecê-los também. "Inicialmente, ele se mostrou cauteloso", relembra ela, "como era de se esperar; isso é natural."

Mas com o tempo, ele começou a interagir com todos eles. "Ele dava uma patada neles quando eles o arranhavam, mas de resto era muito delicado, e lambia o focinho e o traseiro deles. Ele agia como se fosse mãe deles." À medida que os animais foram crescendo e começaram a passar mais tempo em um cercado ao ar livre, algo especial se formou entre Cash e Bruno. "Bruno e Cash tratavam um ao outro de uma maneira diferente da que tratavam os outros. Eles brincavam independentemente de todo mundo; um deles rolava de barriga para cima, o outro se aproximava e eles começavam a lutar, a brincar de pique e a se aconchegar um no outro. Nós levávamos Bruno para passear no zoológico e Cash vinha conosco. Certa vez, algumas lhamas se aproximaram demais, e Cash as empurrou para longe", como se protegendo o amigo de desconhecidos (ou talvez não querendo dividi-lo com elas). "A maneira como eles agiam", diz Sarah, "a maneira como paravam e olhavam um para o outro, deixava claro que eles se amavam imensamente."

Sarah diz que Cash, quando era filhote, era muito nervoso. "Mas ao lado de Bruno, ele ficava em outra esfera, era um animal diferente. Era encantador vê-lo encontrar a si mesmo, ser destemido e dominante. Bruno trouxe à luz essa força interior dele."

O tigre e o cachorro foram companheiros de brincadeiras durante mais de oito meses, mas com o tempo, o tamanho e a impetuosidade do tigre foram demais para Cash – Sarah ficou preocupada, com medo de que o cachorro se machucasse. Por isso, os encontros para brincadeiras

cessaram, e os animais passaram a só poder ver um ao outro com uma barreira entre eles. Mas Sarah está certa de que a amizade deles permaneceu engatilhada, para o caso de voltarem a se reunir.

Mais tarde, Sarah deixou Paradise Park, e Cash faleceu em 2001. "Mas ele passou o resto dos seus dias fazendo coisas boas pelos outros animais", diz Sarah. "Esse era o tipo de cachorro que ele era."

E Bruno? Este já se retirou dos olhos do público, tendo sido transferido para outro abrigo de animais em Kent, onde Sarah o visita de vez em quando. "Tudo volta quando eu o vejo", afirma ela, "como eu costumava me deitar na jaula e os filhotes de leão e tigre se arrastavam por cima de mim, e como Cash e Bruno brincavam, lutavam e amavam um ao outro. Tive muita sorte por fazer parte de tudo isso."

(Georgia, Estados Unidos, 2012)

A zebra macho e a jumenta

AGORA, ALGO COMPLETAMENTE DIFERENTE. VAMOS LER A RESPEITO DA ZEBRA QUE AMOU O jumento – pelo menos duas vezes. Vamos chamar isso de romance de duas noites. Maravilhosamente, o caso amoroso inesperado resultou em duas dádivas muito raras e preciosas.

Zeke, a zebra macho, e Sarah, a jumenta, vinham correndo juntos no pasto, sem nenhum incidente, durante anos. Ambos moram na Chestatee Wildlife Preserve, na Georgia, administrada pelo seu fundador C. W. Wathen, que faz questão de pronunciar o seu nome com a fala arrastada do sul dos Estados Unidos.

As zebras são, por natureza, um pouco nervosas. E com bons motivos. Na natureza selvagem da África, é extremamente provável que um grande felino predador esteja à espreita na relva. Sabiamente, os ungulados tendem a andar com rebanhos de gnus ou búfalos-africanos, buscando a segurança coletiva. E embora, para nós, as zebras pareçam se destacar, as suas listras na verdade lhes oferecem certa camuflagem no seu habitat na savana.

De qualquer modo, aqui temos Zeke vivendo entre os outros animais que pastam, os cavalos, as vacas e os jumentos. ("Isto aqui é um verdadeiro zoológico", graceja C. W.) Os jumentos, em particular, parecem manter a zebra calma. "Eu os mantenho juntos há anos", diz C. W. "Todos se dão muito bem, e a zebra vive acomodada." Nenhum dos outros animais jamais demonstrou qualquer afeição particular por algum deles, afirma C. W. – não há roçar de focinhos, paqueras ou escapulidas para carícias e aconchegos, pelo menos não que ele tenha presenciado.

E, no entanto, uma afeição particular aconteceu. E C. W. só descobriu o ocorrido porque a sua jumenta Sarah ficou grávida. E cerca de doze meses depois, ela pariu um animal que era um pouco jumento e um pouco zebra, o que, de certo modo, revelou o que tinha acontecido.

"Só temos uma zebra macho", afirma C. W., "de modo que sabemos que ele é o pai. Ele não pode esconder isso!" Ainda assim, no estábulo, "ninguém está falando".

Então ali estava Tippy, um "zedonk"[1], um pouco vacilante no início, como são os recém-nascidos ungu-

---
[1] Cruzamento de zebra com jumento. A palavra *zedonk* vem do inglês, *zebra* e *donkey* (jumento). (N. dos T.)

ZEBRA-DA--PLANICIE

REINO: Animalia
FILO: Chordata
CLASSE: Mammalia
ORDEM: Perissodactyla
FAMÍLIA: Equidae
GÊNERO: *Equus*
ESPÉCIE: *Equus quagga*

lados, mas logo correndo com a turma de pernas longas. As pernas dela parecem vestidas com meias-calças listradas (do pai); a cara alongada é uma mistura; as orelhas são totalmente da mãe.

Os zedonks e animais semelhantes são felizes raridades, relatadas de vez em quando nos zoológicos ao redor do mundo. Um zoológico britânico anunciou recentemente o nascimento de Zulu, o seu primeiro "zorse"[2]. (O pai, obviamente, era um cavalo.) Há também os "zonkies", quando o pai é o jumento e a mãe, a zebra. Independentemente do nome, o sangue de zebra corre nas veias de todos esses animais.

Com Tippy trotando de um lado para o outro, C. W. imaginou que tudo tinha voltado ao normal. Foi então que teve lugar outra surpresa de cruzamento. "Aconteceu de novo!", diz C. W. "Não planejamos nada! Na realidade, íamos mandar Zeke embora para cruzá-lo com outras zebras, mas as pessoas que visitavam a reserva queriam ver Tippy com ambos os pais. Por isso, retardamos o empréstimo." E esse pouquinho de tempo extra juntos era tudo de que eles precisavam. Zeke e Sarah, na quietude de uma noite no estábulo, se acasalaram pela segunda vez. E logo surgiu Pippa. Meias-calças listradas, cara alongada. Irmã de Tippy.

Zedonk, zedonk.

Agora, dois zedonks roubam a cena na Chestatee Wildlife Preserve. "Elas são extremamente apresentáveis. Sempre vão imediatamente para a cerca quando as pessoa vêm visitá-las", diz C. W. Elas têm a vivacidade de uma zebra – ouvidos aguçados, prestando atenção ao perigo, mas ao mesmo tempo são calmas como

---

[2] Produto do cruzamento de zebra com cavalo (*horse*). (N. dos T.)

a mãe jumenta, diz C. W. E o som bizarro que elas emitem: não se parece com o zurro de um jumento e tampouco com o relincho da zebra, afirma ele. "É uma coisa intermediária. A minha mulher e eu nos perguntamos se a mãe consegue entendê-las, mas acredito que sim, porque ela sempre aparece quando elas gritam." Embora Zeke tenha sido enviado para outro lugar – ele foi emprestado como reprodutor para um zoológico do Alabama, para produzir mais zebras, por incrível que pareça –, o seu legado em Chestatee é primorosamente agradável, se não inteiramente usual.

"Há pessoas que colocam leões e tigres juntos, para produzir "ligers"[3], diz C. W. "Temos também o cruzamento de *wallbies*[4] com cangurus; seriam *walleroos*? Não planejei misturar as coisas por aqui, mas a vida real é assim, e as coisas acontecem." E ele não está triste com o resultado, é claro, inclusive por causa da multidão de pessoas que vai à reserva espiar os filhotes ungulados de casaco marrom e meias listradas. C. W. diz que "algumas pessoas simplesmente precisam ver por si mesmas que eles são de verdade".

---

[3] Produto do cruzamento de leão com tigresa. (N. dos T.)

[4] Canguru de raça pequena encontrado na Austrália e na Nova Guiné. (N. dos T.)

(Münster, Alemanha, 2006)

O cisne e o barco de cisne

O AMOR VEM EM TODAS AS CORES, FORMAS E TAMANHOS. E APARENTEMENTE, EM TODOS OS tipos de materiais. Se o seu coração realmente for aberto, até mesmo o plástico é digno de uma profunda afeição.

O plástico adorável desta história era um barco. E quem gostava desse plástico era uma ave. E esta é a história deles.

Petra, um cisne negro, apareceu em um lago chamado Aasee em Münster, na Alemanha, há alguns anos. Acontece que naquele lago havia um pedalinho, do tipo que os visitantes usam para desfrutar uma tarde ensolarada na água, pedalando de um lado para o outro. Para Petra, bastou um olhar na direção do barco. Ela se tornou o que podemos chamar de a versão enamorada de um cisne.

Antes de todos darmos um sorriso malicioso diante da insanidade de Petra, devemos examinar o ponto de vista do pássaro. Afinal de contas, o barco tinha

CISNE-NEGRO
REINO: Animalia
FILO: Chordata
CLASSE: Aves
ORDEM: Anseriformes
FAMÍLIA: Anatidae
GÊNERO: *Cygnus*
ESPÉCIE: *Cygnus atratus*

a forma de um cisne e flutuava de uma maneira muito semelhante à dos cisnes. Ele não era o parceiro mais interativo que alguém poderia desejar, e era gigantesco quando comparado com os cisnes de verdade. Mas talvez Petra não gostasse da conversa mole dos pássaros, e se sentisse segura na sombra de um companheiro tamanho gigante. Fossem quais fossem os seus pensamentos, ela estava claramente atraída pela figura implume e imponente, imobilizada na posição de cisne no lago. Ela começou a seguir o barco de um lado para o outro, e durante algum tempo o casal pareceu perfeitamente feliz.

É claro que esse caso amoroso flutuante foi alvo de muita atenção. Todo mundo queria dar uma olhada no casal apaixonado nadando lado a lado, como fazem os cisnes que se acasalam. O interesse pela dupla atingiu o auge quando chegou a hora de guardar o barco no inverno. "A questão era: como Petra iria lidar com a perda do seu amante de plástico?", diz Ilona Zühlke, do parque de animais próximo, o Allwtterzoo Münster, que me contou a história.

Com todo o alegre rebuliço em torno da dupla, os dirigentes do zoológico concordaram em manter os dois cisnes juntos na estação do frio. Foi necessária uma cuidadosa viagem de uma semana para conduzir o pássaro e o seu amante ao seu novo lar, mas a viagem foi um sucesso, e Petra o seu barco passaram juntos um inverno tranquilo.

Quando chegou a primavera, as pessoas que cuidavam dos animais acharam que era melhor apresentar Petra para cisnes de verdade. Um parceiro de plástico pode ser uma boa companhia, mas oferecia poucas chances a ela de constituir uma família. Assim sendo, Petra e o barco foram transferidos para uma lagoa onde moravam seis outros cisnes-negros. Por um breve momento, houve escândalo; uma das fêmeas sem companheiro no bando gostou do barco branco (que pareceu indiferente ao assédio), enquanto os outros cisnes quiseram atacar Petra. Percebendo rapidamente que a sua experiência fracassara, a equipe do zoológico entrou em ação para proteger Petra de possíveis danos. Ela e o seu barco seriam deslocados pela última vez – de volta para o Aasee, onde tinham se conhecido.

Como um homem que está sendo preparado para o seu casamento, o barco de cisne foi limpo, consertado e lubrificado antes do grande dia em que seria rebocado por uma lancha pelo canal que vai dar no lago no centro da cidade. Petra, como uma noiva conduzida pelo pai, foi no barco da frente nos braços do diretor do zoológico, Jörg Adler. Um sem-número de espectadores a pé, de bicicleta e em outros pedalinhos formaram a retaguarda, ansiosos para presenciar o reencontro.

E quando Jörg finalmente colocou Petra na água com seu grande companheiro de plástico balançando ao lado dela, a multidão aclamou. Petra então abriu as asas e alisou as penas com o bico, relembra Ilona. "Podíamos ver que ela estava feliz por estar novamente em casa."

(TEXAS, ESTADOS UNIDOS, 2012)

O rato e a gatinha

QUEM NÃO ADORA ESFREGAR O NARIZ NO FOCINHO DE UM GATINHO? NÃO POSSO DIZER A mesma coisa a respeito de um rato. A maioria das pessoas está mais propensa a dar um grito se avistar um roedor do que a abrir os braços para ele. Vamos livrar a nossa mente dessas opiniões e oferecer aos ratos uma nova chance. Eles são inteligentes, divertidos e até mesmo sensíveis a cócegas. Eles se aconchegarão a você se você deixar. Não estou sugerindo que você capture um deles num beco e o enfie na sua cama. (Não por culpa deles, mas os ratos da cidade podem espalhar doenças.) Mas os tipos mais "elegantes" são criados para ser animais de estimação.

Talvez Aiden possa me ajudar a defender a minha ideia. Aiden, o rato, pertence ao texano Lance Clifton, um desenvolvedor de website que já teve outros ratos. Antes de comprar Aiden, Lance tinha Lemmi e Spencer morando como uma dupla, mas desafortunadamente, Lemmi morreu depois de sofrer um derrame.

RATO-DOMÉSTICO OU RATAZANA

REINO: Animalia
FILO: Chordata
CLASSE: Mammalia
ORDEM: Rodentia
FAMÍLIA: Muridae
GÊNERO: Rattus
ESPÉCIE: *Rattus norvegicus*

"Eu não estava planejando comprar um novo rato no dia em que vi Aiden", diz Lance. "Eu tinha ido à pet shop comprar comida e uma cama para Spencer e, ao passar pelos roedores, vi um 'rato dumbo' com uma cor bonita, um tipo especial que é criado para ter orelhas grandes." Lance perguntou ao gerente da loja se poderia segurar o animal (o que, bem no fundo, ele sabia que provavelmente o levaria a comprá-lo). O rato reagiu da maneira certa – não ficou se remexendo e tentando escapar; pelo contrário, ele o cheirou e inspecionou.

Vendido.

Lance não gosta apenas de animais de estimação não tradicionais; ele também é tipicamente conquistado pelos habituais. Pouco depois de comprar Aiden, uma amiga da mãe de Lance anunciou que sabia que alguns gatinhos perdidos – belas misturas de gatos siameses – estavam precisando de um lar. Foi assim que Tessie foi parar na casa de Lance.

"Tessie era muito dócil e não achei que ela fosse ser uma ameaça para o rato", diz Lance. "Então, decidi colocá-los juntos na minha cama e ver o que aconteceria."

O que aconteceu, recorda ele, foi que Aiden correu, sem hesitar, na direção da gatinha que estava bastante confusa. "Ele não estava sendo agressivo. Não era como a apresentação inicial ao seu companheiro de gaiola [Spencer], quando ele eriçou o pelo e bateu o rabo com força. Dessa vez ele ficou imediatamente interessado e satisfeito em interagir."

Quando a gatinha se afastou, o rato a seguiu. E, quando ela se deitou, Aiden foi para o lado dela e começou a proporcionar a ela uma sessão de asseio. Aparentemente, ela gostou. "Depois disso, Tessie não se afastou", diz Lance. "Ela aceitou o gesto, abraçou o rato e pegou no sono."

"O asseio para os ratos é um gesto social muito importante – uma declaração de que 'somos uma família'." Cada um tem a sua vez, e eles cutucam uns aos outros pedindo ajuda para chegar àqueles lugares difíceis de alcançar atrás das orelhas. Durante os encontros entre rato e gata, cada animal "ronronava"  do seu jeito pessoal. Durante algumas semanas, Lance colocou os animais juntos regularmente, deixando que a afeição de um pelo outro aumentasse. Ele ficava perto para supervisionar, mas tinha uma confiança quase completa de que eles não iriam machucar um ao outro.

"Às vezes, os membros de uma família mudam e seguem o seu próprio caminho, e foi o que aconteceu com esses dois, com o tempo. Tessie cresceu e os seus dentes e unhas ficaram mais afiados, e o seu comportamento nas brincadeiras foi de delicado para, bem, dentes e unhas. "Por isso, no momento, eu os mantenho separados", diz Lance. Não há nada malévolo em questão, mas ele quer proteger Aiden do afeto superzeloso da gata enquanto ela se encontra nessa fase adolescente.

Mas mesmo sem um contato direto, Aiden e Tessie mantiveram o seu relacionamento. "Tessie se deita com frequência em cima da gaiola do rato, e Aiden se aproxima e levanta o focinho para ela, como se estivesse dizendo olá", comenta Lance. Ele tem esperança de que, com o tempo, Tessie vá ficar mais calma. "Aí eu vou poder deixá-los juntos sem as barras da gaiola no meio."

(EASTERN CAPE, ÁFRICA DO SUL, 2011)

A leoa e a leoa

O CIÚME NÃO É BONITO. TODOS JÁ O VIMOS OU O SENTIMOS NÓS MESMOS, NÃO RARO POR causa de coisas tolas. Mas é uma emoção complexa. E não é uma emoção que poderíamos supor que fosse afetar animais não humanos.

No entanto, temos aqui uma leoa que, aparentemente, é tão possessiva com relação à sua melhor amiga que se recusa a compartilhá-la, e fica com ciúmes se essa amiga demonstra afeto por outros.

A profunda afeição entre as leoas Achee e Ma Juah surgiu em um santuário da Born Free Foundation dentro da Shamwari Game Reserve em Eastern Cape, na África do Sul. A Born Free recebe muitos grandes felinos desabrigados, tomando medidas para evitar a reprodução, para não aumentar a população de felinos cativos quando existem tantos animais necessitados.

E de qualquer modo, no caso desses dois felinos, oferecer parceiros não era uma opção: ambas estavam sofrendo os efeitos da oesteodistrofia nutricional – formação esquelética anormal e dano nervoso resultantes de uma alimentação inicial deficiente. O distúrbio havia produzido um modo de andar bizarro e um sacudir de cabeça nas fêmeas, comportamentos que poderiam indicar uma fraqueza para o macho e que poderia impeli-lo a atacar em vez de se acasalar.

"Por sorte, e por coincidência", diz Ann Tudor da Born Free, "fomos chamados para resgatar Ma Juah e Achee com semanas de intervalo uma da outra." Ma Juah veio da Libéria, onde pertencera a um ex-ditador, e Achee da Romênia, onde era o animal de estimação mimado de um cônsul europeu. Como o companheirismo é extremamente vital para os leões, "decidimos tentar reunir as duas. Caso contrário, cada uma estaria destinada a uma vida de solidão".

É importante mencionar que apresentar duas leoas não aparentadas é complicado. Na natureza, somente felinos que fossem realmente da mesma família teriam um bom relacionamento.

Inicialmente, Ma Juah detestou Achee, rosnava para ela e tentava atacá-la. Esse estresse ocasionava pequenos espasmos no felino irritável, provavelmente também resultantes da má nutrição durante a sua criação, e Ma Juah caía devido às suas próprias tentativas de agressão.

Achee aceitava esse estranho comportamento na amiga. De acordo com Glen Vena, o gerente de cuidados com animais da Shamwari, "outro leão poderia reconhecer essa atitude como não natural e poderia, portanto, instintivamente atacar. Em vez disso, em algumas ocasiões, Achee asseava Ma Juah e, às vezes, até mesmo empurrava levemente Ma Juah com a cabeça, como se estivesse dizendo 'levanta, garota'". Glen acrescenta que, se isso acontece na hora da refeição, "Achee nunca pega a comida de Ma Juah e sai correndo, o que é realmente incrível. Ma Juah deve sentir que está em desvantagem nesses momentos, de modo que a reação não agressiva de Achee deve ser um conforto para ela."

Esse conforto talvez tenha ajudado Ma Juah a mudar de opinião a respeito de Achee e, à medida que as semanas foram passando, a sua atitude fria começou a relaxar. Na realidade, não demorou para que Ma Juah quisesse Achee toda para ela!

Como resultado, agora Ma Juah e Achee agem como irmãs amorosas ou um casal que você provavelmente conhece: raramente são vistas a pouco mais de um metro uma da outra; os seus quadris esbarram um no outro quando elas andam; elas cheiram uma à outra, dividem a comida e se deitam juntas – às vezes com as caudas entrelaçadas "como se quisessem apenas estar tocando uma na outra", diz Glen. E se por algum motivo elas se separam, quando se reencontram esfregam a cabeça uma na outra e emitem miados carinhosos.

Achee permanece amigável com as pessoas e com um pequeno leão, Sinbad, que mora ao lado, mas se ela presta atenção a qualquer pessoa ou animal por mais do que um breve momento, Ma Juah exibe o seu lado ciumento, rosnando e rugindo em segundo plano até Achee voltar para ela.

Aceitando o amor possessivo da sua ex-agressora, Achee sempre se reúne diretamente com Ma Juah, e as duas saem andando juntas, espádua com espádua, sozinhas nunca mais.

(Montana, Estados Unidos, 2012)

A alpaca e os cavalos

VOCÊ JÁ FICOU DEBAIXO DO GRANDE CÉU AZUL NO OESTE DOS ESTADOS UNIDOS? SE NÃO ficou, faça a viagem. Mesmo que você não experimente mimosas interações entre espécies contra essa tela de fundo, será revigorado por uma paisagem que lhe permite enxergar quilômetros a fio e respirar profundamente a sua vasta e delicada beleza.

Essa sensação de frescor, de abertura, foi o que atraiu uma mulher de Nova Jersey para Montana há alguns anos. Morando em Bigfork, no sopé das Montanhas Rochosas, Lauren Grabelle tomou o rumo da vida rural e, para sua sorte, observou uma doce afeição entre espécies se desenvolver bem pertinho.

"Na primeira vez, o dia estava lindo, aquela hora radiante da tarde, e o sol estava prestes a criar paisagens impressionantes nas montanhas", recorda Lauren. "Em Montana é assim: de repente, é perfeito." Na época, ela estava

ALPACA
REINO: Animalia
FILO: Chordata
CLASSE: Mammalia
ORDEM: Artiodactyla
FAMÍLIA: Camelidae
GÊNERO: *Vicugna*
ESPÉCIE: *Vicugna pacos*

morando no andar de cima de um celeiro em uma bela propriedade, ganhando a vida como fotógrafa de casamentos. "O que significa que estava sempre atenta ao amor", diz ela. Mas aqui, com a Cadeia do Cisne à distância, a terra e os seus animais residentes – cavalos, cães, alpacas – a inspiravam tanto quanto os casais que a contratavam para registrar o seu dia especial.

Mas nem tudo eram flores para Lauren. Embora o local a inspirasse, ela não sentia nenhum amor pela mulher na casa ao lado, a dona do apartamento que Lauren alugava e dos animais que viviam no celeiro embaixo dela. "Ela achava que tinha afinidade com os animais, mas não tinha", relembra Lauren. "Os animais também não gostavam dela."

Assim sendo, Lauren procurou refúgio nas coisas não humanas que estavam à vista. E numa tarde beijada pelo sol, quando voltava para o celeiro depois de passear com o seu cachorro, ela presenciou um momento encantador que a deixou completamente surpresa.

"As alpacas tinham acabado de ser levadas para lá, para ficar com os cavalos, mais ou menos uma semana antes", recorda Lauren, "por isso eu ainda não tinha tido muito tempo para observá-las. Havia duas fêmeas, Mango e Whispy, e um macho chamado Rocket Man. Quando subi a escada para o meu apartamento, reparei que Rocket Man estava esfregando o focinho em dois cavalos. Ele não parecia estar apenas se coçando – a atitude parecia realmente afetuosa. Tive a impressão de que eles estavam se conhecendo por meio do toque e do cheiro."

As alpacas, originalmente da América do Sul, são animais sociais, permanecem com o rebanho e podem defender o seu território de animais de outras espécies. Isso pode significar inalações curtas e altas de advertência ou até mesmo ataques sibilantes e com coices.

Mas essa agressividade não estava presente com relação aos cavalos no pátio. Na realidade, o que estava acontecendo era exatamente o oposto. Esses animais diferentes estavam interessados uns nos outros, e o seu comportamento sugeria que uma conexão estava se desenvolvendo entre espécies distintas.

O relacionamento entre os animais parecia crescer com o tempo, e em outro dia Lauren pegou a alpaca Rocket Man em

uma "celebração amorosa" com o cavalo Luis. A fotógrafa se pôs a trabalhar, emocionada com a cena que tinha diante de si e com a ternura que os animais pareciam capazes de compartilhar.

Esse era basicamente motivo pelo qual eu estava lá", comenta Lauren a respeito desses encontros. "Era enorme o alívio que esses animais me proporcionavam diante de tudo que era negativo. Sempre que eu me levantava da minha mesa, era isso que eu via, esses belos animais se relacionando, esfregando o focinho uns nos outros como se estivessem apaixonados. Eu me sentia muito

separada da natureza na minha casa em Nova Jersey, e perdera o deslumbramento que eu sentia pelas pessoas. Estar tão perto dos cavalos e das alpacas era realmente especial."

Não há dúvida de que muitos de nós somos confortados pela bondade dos animais quando sentimos o nosso coração enrijecido. Lauren teve a sorte de encontrar o seu remédio bem pertinho dela.

(VICTORIA, AUSTRÁLIA, 2003)

O porco e os amigos da fazenda

QUANDO EU ERA CRIANÇA, O MEU LIVRO PREDILETO ERA *CHARLOTTE'S WEB*.[5] NESSA HISTÓRIA clássica, a aranha tece na sua teia as palavras "Um Porco e Tanto", um outdoor de seda para que todos saibam como o seu amigo porcino Wilbur é especial. Bem, eis outro chafurdeiro de lama que poderia posar com orgulho debaixo dessas palavras. Quero apresentá-lo a Edgar.

"Se não fosse por Edgar, nada disso teria acontecido. Sou muito grata por ele ter me encontrado."

Essas palavras de apreço são de Pam Ahern, que fundou o Edgar's Mission Farm Sanctuary em Willowmavin, uma minúscula cidade na região central do estado de Victoria, na Austrália. E ela fez isso para homenagear o seu relacionamento

---

[5] O livro foi escrito em 1952 por E. B. White e é um dos maiores clássicos da literatura infantil norte-americana. No Brasil, recebeu o título de *A Menina e o Porquinho*. (N. dos T.)

com um animal amante de lama, de rabo enrolado, que emitia grunhidos. Edgar Alan Pig, como ele era formalmente conhecido, acabou se revelando a encantadora musa que mudou a vida de Pam para melhor.

Pam estivera trabalhando em uma campanha de mídia a respeito do drama dos porcos criados em confinamento, e estava horrorizada com as condições nas quais eles viviam. Para demonstrar a sua solidariedade aos animais, e porque precisava de um porco para uma sessão de fotos para a campanha, ela decidiu levar um para casa para "salvar o seu bacon", por assim dizer. "Nós tínhamos a terra e eu tinha conhecimento de porcos, de modo que pensei, por que não?", diz ela.

Pam se lembra do dia em que resgatou Edgar e o levou para casa para que ele posasse para a câmera. Devido ao tempo que passou na fazenda de confinamento, "ele estava coberto de excremento; ele realmente fedia". Pam e a sua mãe, Sylvia, pelejaram com o suíno fedorento e o colocaram dentro de uma banheira para dar um banho nele da maneira mais compassiva possível". "Ele não queria nada comigo, o que é perfeitamente compreensível. No entanto, por sorte, ele se apaixonou pelo meu cachorro, E. T. Foi assim que as coisas começaram."

"Quando eles estavam no pátio, Edgar seguia E. T. por toda a parte", diz Pam. Foi um alívio para ela, especialmente no dia da sessão de fotos. "Como E. T. estava ao meu lado o tempo todo, com uma trela, Edgar ficou conosco. Ele seguia E. T. e E. T. me seguia.

Também funcionava em público. "Saíamos para passear no parque perto de casa e as pessoas se aproximavam para ver Edgar. 'Uau! Um porco de coleira!', comentavam entusiasmadas", diz Pam. "Ele virava de barriga para cima e deixava as pessoas coçarem a barriga dele, grunhindo de felicidade." E o fato de Edgar atrair uma multidão proporcionava a Pam uma audiência para a sua campanha. "Normalmente, se você tem uma petição que gostaria que as pessoas assinassem,

elas farão de tudo para se afastar de você. Mas com Edgar presente, as pessoas se aproximavam para ver o que estávamos fazendo. Edgar deixava que o coração delas falasse – e estava claro que elas também estavam ouvindo." Depois de conhecer Edgar e bater um papo com Pam, diz ela, "muitos iam embora com uma recém-encontrada compreensão dos animais de fazenda e até mesmo sentindo amor por eles".

Foi somente porque Edgar gostava tanto de E. T., afirma Pam, que o porco aprendeu a gostar também dela com o tempo. "Acho que ele chegou à conclusão de que, se E. T. me considerava aceitável, ele ia fazer uma experiência. Fiquei realmente comovida quando ele começou a confiar em mim." E com o tempo, com o seu porco inspirador em uma trela ao lado dela, o santuário Edgar's Mission foi fundado. "Eu queria oferecer abrigo a animais como Edgar, dar voz tanto àqueles que podíamos salvar quanto aos que não podíamos", explica ela.

Uma vez que a missão foi fundada na fazenda onde Pam morava, ela logo recolheu uma porção de animais que precisavam de abrigo. Edgar tinha os seus favoritos, mas de resto ele era bastante solitário. Por estranho que pareça, ele não

PORCO

Eles podem não parecer muito espertos rolando na lama, mas os porcos estão classificados entre os mais inteligentes de todos os animais, não muito abaixo dos golfinhos.

queria ter nada a ver com os outros porcos na propriedade. "Todos os outros porcos eram amigos uns dos outros, mas ele fugia deles, gritando", diz Pam. Havia até mesmo uma fêmea, Alice, que gostava dele, porém em vão. "Ela o perseguia, grunhindo, e ele se escondia na palha como se achasse que, se ficasse totalmente imóvel ela não saberia que ele estava lá." Pam diz que sempre que Alice o farejava, "ele fugia correndo o mais rápido que as suas pequenas pernas gordas conseguiam carregá-lo!"

Além de E. T., Edgar parecia encantado com um pequeno carneiro, Arnie, que fora atacado por uma raposa. "Edgar entrava na cama de Arnie e dormia ao lado dele. Ele realmente tomava conta de Arnie. Um certo bode também conquistou a amizade de Edgar. Os três andavam juntos, e o sedentário Edgar se curvava para o atrevido cabrito chamado Ryan montar nele.

Mas E. T. recebia a maior parte do afeto de Edgar. Eles tiravam pequenos cochilos, entocando-se juntos na cama do cachorro antes de se reanimarem para brincar. "E. T. era fascinado pelo porco", afirma Pam. "Não há nenhuma dúvida de que eles tinham uma ligação especial."

Edgar faleceu pouco depois do seu sétimo aniversário. Pam ressalta que os porcos criados em uma fazenda de confinamento "não são concebidos para viver muito tempo". Todo mundo sentiu muito a morte dele, diz ela, "até mesmo aqueles que não o tinham conhecido. Visitantes e os nossos outros animais foram contagiados pela nossa tristeza. Ele realmente tocara a vida de muitos".

Embora o seu melhor amigo tivesse partido, Pam diz que ela sentiu um grande conforto por saber que ele continuaria a fazer a diferença para muitos outros animais. "A memória de Edgar nos faz lembrar que não devemos ser imbuídos de preconceito pela forma ou pela cor de outro ser, e que todos os animais desejam e merecem receber bondade e ter um sentimento de segurança. Edgar nos ensinou que, se não pudermos obter isso da nossa própria espécie, talvez possamos encontrá-lo em outra.

O fato de um porco ter mudado tão drasticamente a vida de Pam ainda a deixa assombrada, e ela é grata por isso. A fazenda de 25 hectares que leva o nome de Edgar geralmente abriga entre 200 e 300 animais. Em breve, todo o estabelecimento vai se mudar para uma propriedade maior, "porque estamos ficando superlotados", diz Pam. "É um novo e emocionante capítulo para todos nós."

"É realmente encantador fazer parte dessa família", acrescenta ela. "Eu não tinha a menor ideia de que o que Edgar começou ficaria tão grande, salvaria tantos animais e mudaria a opinião de tantas pessoas."

Referências

LIVROS, ARTIGOS E PALESTRAS

Alleyne, Richard, "Can Otters Smell Underwater?" *The Telegraph*, 5 de junho de 2010.
Archer, Rosemary. *The Arabian Horse*. Londres: J. A. Allen, 1992.
Balcombe, Jonathan. *Second Nature: The Inner Lives of Animals*, Nova York: Palgrave. Macmillan, 2010.
Brach, Tara. "The World in Our Heart" (discurso), 25/4/12: imcw.org/Talks/TalkDetail/TalkID/371.aspx.
Denlinger, Milo G. *The Complete Boxer*. Nova York: Frederick A. Stokes, 1914.
De Waal, Frans. *Good Natured*. Cambridge: Harvard University Press, 1996.
De Waal, Frans. *The Age of Empathy*. Nova York: Harmony Books, 2009.
Herzog, Hal. *Some We Love, Some We Hate, Some We Eat*. Nova York: Harper Perennial, 2010.
Holland, Jennifer S. "Bird Guide," *National Geographic*, outubro de 2008.
Holland, Joshua. "In Defense of the Pit Bull," *Salon*, 5 de fevereiro de 2013. salon.com/2013/02/05/in_defense_of_the_pitbull_partner/.
King, Barbara. *How Animals Grieve*. Chicago: University of Chicago Press, 2013.
May, Allyson N. *The Fox-Hunting Controversy, 1781–2004: Class and Cruelty*. Ashgate Publishing, 2013.
Ramos, Kelsey, "Pearls Before Swine: Animal Cognition Study Says Pigs May Be Smarter Than We Think," *Los Angeles Times*, 11 de novembro de 2009.
Royal Embassy of Saudi Arabia, "Purebred Arabian Horses Compete in One of the Many Races Organized Exclusively for the Breed in Saudi Arabia": saudiembassy.net/files/PDF/Publications/Magazine/1997-Spring/horse.htm.
Sherman, Josepha. *Trickster Tales: Forty Folk Stories from Around the World*. Atlanta: August House, 2005.
Springett, Martin e Isobel. *Kate and Pippin: An Unlikely Love Story*. Nova York: Henry Holt and Co., 2012.

FONTES SELECIONADAS NA WEB

African Mecca: africanmeccasafaris.com
American Kennel Club: akc.org
All About Great Danes: all-about-great-danes.com
Alpacas of Montana: alpacasofmontana.com
American Boxer Club: americanboxerclub.org
American Miniature Horse Association: amha.org
Aragon Alpacas: aragonalpacas.com/alpaca_info.html
BBC Nature: bbc.co.uk/nature
Big Cat Rescue: bigcatrescue.org
Cornell Lab of Ornithology: allaboutbirds.org
Grevy's Zebra Trust: grevyszebratrust.org
Guide Horse Foundation: guidehorse.com
Humane Society of the United States: humanesociety.org
Live Science: livescience.com
National Geographic: nationalgeographic.com
National Zoo: nationalzoo.si.edu

Oklahoma State University Department of Animal Science: ansi.okstate.edu
Out to Africa: outtoafrica.nl
Peregrine Fund: peregrinefund.org
PetWave: petwave.com
Purdue University Food Animal Education Network: ansc.purdue.edu/faen
Rocky Ridge Refuge: rockyridgerefuge.com
Whale Facts: whalefacts.org
Why Pandas Do Handstands: whypandasdohandstands.blogspot.com
Wisconsin National Primate Research Center: pin.primate.wisc.edu
World Wildlife Fund: worldwildlife.org

VÍDEOS

"Baby Rhino Calf Finds Friends in the Wild After Abandoned by Mother": youtube.com/watch?v=tOn2RhH36Mc
"Cat and Owl Playing—Perfect Friendship": youtube.com/watch?v=Iqmba7npY8g

A autora também usou como referência muitas fontes de interesse geral, entre elas o *Daily Mail*, Huffington Post, Facebook, *Spiegel* e Wikipédia.

LEITURA ADICIONAL

Balcombe, Jonathan. *Pleasurable Kingdom: Animals and the Nature of Feeling Good.* Nova York: Palgrave Macmillan, 2007.
Brown, Augustus *Why Pandas Do Handstands*. Nova York: Free Press, 2010.
Fishkin, Shelley Fisher, ed. *Mark Twain's Book of Animals.* Berkeley: University of California Press, 2010.
Grandin, Temple, e Johnson, Catherine. *Animals in Translation.* Nova York: Harcourt, 2005.
Hare, Brian, e Woods, Vanessa. *The Genius of Dogs: How Dogs Are Smarter Than You Think.* Nova York: Dutton, 2013.
Mather, Jennifer, Anderson, Roland C., e Wood, James B. *Octopus: The Ocean's Intelligent Invertebrate.* Portland, OR: Timber Press, 2010.
McConnell, Patricia. *For the Love of the Dog: Understanding Emotion in You and Your Best Friend.* Nova York: Ballantine Books, 2007.
Mitchison, John, e Lloyd, John. *The Book of Animal Ignorance: Everything You Think You Know is Wrong.* Nova York: Crown, 2008.
Morell, Virginia. *Animal Wise.* Nova York: Crown, 2013.
Pepperberg, Irene. *Alex & Me: How a Scientist and a Parrot Uncovered a Hidden World of Animal Intelligence—and Formed a Deep Bond.* Nova York: Harper, 2008.
Pineño, Oskar. *The Thinking Rat.* CreateSpace Independent Publishing, 2010.
Sheldrake, Rupert. *Dogs that Know When Their Owners are Coming Home.* Nova York: Three Rivers Press, 1999.

Agradecimentos

Nenhum livro é um esforço solitário, e neste caso sou realmente apenas mensageira das histórias de outras pessoas (e de seus animais). Sou profundamente grata a essas pessoas, citadas nos textos, por terem generosamente compartilhado comigo as suas narrativas.

Sou especialmente grata a Krestyna Lypen da Workman Publishing por sua delicada e gentil edição. A Melissa Lucier por outra iniciativa heroica do setor da fotografia, a Raquel Jaramillo e Tae Won Yu por terem tornado este livro, como *Amizades Improváveis*, algo tão encantador de se contemplar, e a Beth Levy por todo o copidesque, correções e toques finais. Muito obrigada também a Jarrod Dyer pela exímia diagramação. A Maggie Gleason por toda a publicidade e a todos os outros que de alguma maneira participaram da criação deste livro.

Muito obrigada a todos os amigos e familiares que me deram indicações de histórias!

Um enorme obrigado à minha incansável assistente, Kate Horowitz, por realizar tarefas de pesquisa grandes e pequenas.

No caso das traduções, a minha gratidão vai para Mariola Maklakiewicz-Carroll, Barbara Büllmann, Steffi Steinberg e Wanjiku Kinuthia.

Por me manterem lúcida com palavras carinhosas de estímulo e apoio, agradeço especialmente a Melanie Carlos, Lynne Warren e Mark Bolander.

Obrigada aos jovens Will, Kate, Jasper e Elliott, por serem a minha audiência favorita e manterem a minha criança interior viva e bem-disposta.

Por comprarem toneladas dos meus livros, sou grata a Lenora Holland e Lorie Holland.

Meu marido, John, obrigada por ter confiança em mim, orgulho do que estou fazendo e ser tolerante com os altos e baixos.

Meus cachorros Tai, Waits e Monk, perdoo as suas interrupções, latidos, os pelos que vocês soltam e a atenção que vocês exigiam enquanto eu estava tentando escrever este livro. Afinal de contas, vocês são as minhas verdadeiras musas. (Tai, que você descanse em paz!)

    Jennifer S. Holland